厳しい時代を
生き抜く
「常勝思考の精神」

なお、一歩を進める

Ryuho Okawa
大川隆法

2022年6月1日　東京都・The《ジ》 Okura《オークラ》 Tokyo《トーキョー》にて、著作3000書突破記念講演会「なお、一歩を進める」（本書第4章所収）が開催された。

本会場には書店・出版・マスコミ業界の関係者や識者も多数参加し、全国約700カ所にも同時中継された。また、大手新聞社などを始めメディア関連の企業から多数の祝電・祝辞が寄せられたほか、経済紙「ウォールストリート・ジャーナル」などを保有するアメリカの大手メディア企業News《ニューズ》 Corporation《コーポレーション》のロバート・トムソンCEOからは映像で祝福の言葉が贈られた。

大川隆法総裁 著作3000書突破記念講演「なお、一歩を進める」会場の様子。本会場には、著作3000書突破を記念する展示ブースが設けられた。また、当日は全国紙の新聞に全面広告が掲載された(左下)。

なお、一歩を進める　目次

第1章　貧しさと豊かさについて

――考え方次第《しだい》で道は拓《ひら》ける――

二〇一九年十一月八日　説法《せっぽう》
幸福の科学 特別説法堂にて

第2章　「運《うん》・鈍《どん》・根《こん》」の仕事成功学
――人生を長く成功させる秘訣《ひけつ》――

二〇一八年八月二十九日　説法
東京都・幸福の科学総合本部にて

第3章　天才と凡人の間で

――常勝《じょうしょう》思考の精神――

二〇一八年一月二十五日　説法
幸福の科学 特別説法堂にて

6　「常勝思考の精神」を大事にし、簡単に出来上がらない　268

本書には、幸福の科学・大川隆法総裁が特別説法堂《せっぽうどう》で二〇一九年十一月八日に説かれた「貧しさと豊かさについて」、幸福の科学総合本部で二〇一八年八月二十九日に説かれた「『運《うん》・鈍《どん》・根《こん》』の仕事成功学」、特別説法堂で同年一月二十五日に説かれた「天才と凡人《ぼんじん》の間で」、および The《ジ》 Okura《オークラ》 Tokyo《トーキョー》で二〇二一年六月一日に説かれた「なお、一歩を進める」が収録されています。

第1章

貧しさと豊かさについて

――考え方次第《しだい》で道は拓《ひら》ける――

二〇一九年十一月八日　説法《せっぽう》
幸福の科学 特別説法堂にて

1　貧しさと豊かさの違《ちが》いはどこで生まれるのか

共産主義国なのに党のエリートたちが富を独占《どくせん》している実態

今日のテーマは、おそらく、これからはますます重要度を増してくるテーマではないかと思います。決して新しいものではありません。二千年前、三千年前、あるいはそれ以前にも、おそらくあった問題であろうと思います。

産業革命以降、大資本家も出てくるようになって、労働者と分離《ぶんり》が行われて、一方では、マルクス主義のようなものも出てきて、「金持ちからお金を取って、バラまけばいいのだ」というような思想も出てくるし、対極にあるものとしては、サミュエル・スマイルズの『自助論』（『西国立志編《さいごくりっしへん》』）みたいに、平凡《へいぼん》な生まれの人たちが刻苦勉励《こっくべんれい》、努力することによって成功していくことができる、数多くの事例を書いたものが、カウンター（反撃）のように有名になったときもあります。

ただ、現代ではまだまだ、ソ連邦《れんぽう》が崩壊《ほうかい》しても共産主義的思考というのはかなり根強く残っておりまして、これはもう、そうとう古い歴史からあるものだろうとは思うのです。

正当な意味で、確かに、社会のバランスを正す、そういう「富の再配分」とか、公正を期すための方法があるということ自体は、悪いことではないとは思うのです。

ただ、マルクス主義的な考えも度を過ぎれば――日本では時代劇を観《み》ればいつも出てきますけれども――「近江屋《おうみや》」だとか「越後屋《えちごや》」だとか、そういうような大商人の家に、泥棒《どろぼう》というか強盗《ごうとう》が踏《ふ》み入《い》って千両箱を盗《ぬす》んでいくみたいな話になります。あるいは、その千両箱を、もし、鼠小僧次郎吉《ねずみこぞうじろきち》みたいな義賊《ぎぞく》といいますか「義のためにお金を盗むんだ」というようなタイプの人が手にして、屋根の上へ上がって、貧しい人のために金貨をバラまけば、「俺《おれ》は金持ちから盗んできた。貧しい人に撒《ま》いているんだ」と言って、「いいことをしているんだ」というふうな言い方も、成り立つことは成り立つかもしれません。

マルキシズムには、最終的には、そういうところもあります。暴力を肯定《こうてい》していますし、革命における暴力も肯定していますし、「搾取《さくしゅ》している者から取って撒け」という考え方もあります。

けれども、現実のマルクス主義国はどうかというと、一党独裁で、共産主義のエリートたちがいわゆる貴族階級を実際はつくっていて、そうした貴族階級をつくっている人たちは、政治の「長《ちょう》」が付く市長とか、さまざまな役職に就《つ》けば、まあ、ご自身が収入を得るかどうかは別として、少なくとも親族等が有利な取り計らいを受けて、富を独占《どくせん》できるような立場に立っていることが多いのです。そして、富を全世界のいろいろなところに隠《かく》したりしています。

そういうことをやっていて、「現実は正反対だなあ」ということを感じることがあります。

先日、香港《ホンコン》問題を議論しているエキスパートたちの話を観ていたことがあるのです。神田《かんだ》外語大学だったか、興梠《こうろぎ》さんという名前が珍《めずら》しい――翅《はね》を擦《す》って鳴らすコオロギではありませんが――興梠さんという教授が話していたのだけれども、「マルクスは、現在のこの中国の状況《じょうきょう》を見たら、びっくりするでしょうね。マルクスも驚《おどろ》くでしょうね」というようなことを言っていましたが、マルクスは何も知らないと思います。

興梠さんは「あれ？（共産主義というのは）富んでいるところから、搾取している資本家からお金を取り上げて、貧しい人にバラまいて平等にするんじゃなかったっけ？　それが、共産主義のエリートたちが私腹を肥やして、出世の道具にも使っている。おかしいじゃないか」と、そういうふうなことを、二、三度言い、「マルクスがこの現状を見たら」というようなことを言っていたのを覚えています。まあ、「マルクス自体はいい人だ」と思っているのかもしれませんが。その結果は今よくないけれども、そういうふうに見ているのかもしれません。

マルクス自身も、ライン川にちなんだ「ライン新聞」というのを経営していて、自分は記事も書いていたのだけれども、〝倒産《とうさん》〟したので、その「恨《うら》み骨髄《こつずい》」で、「自分ほどの者が名文を寄せて書いている新聞なのに、倒産するというのは、やはりおかしい！」というようなところがあったかどうかは知りません。まあ、あったろうと私は推定をしていますけれども、そういうことがあると――、会社が潰《つぶ》れたりすると、ほかで何かうまくいっているところを見たら、うらやましく思うところもあるでしょう。

大資本がついているところは、そういうマスコミものでも強いことは強いのです。だから、弱小資本なら潰れます。

でも、それはマスコミだけでなくて、お店屋でもそうです。弱いところはすぐ潰れて、大きいところは強いけれども、ただ、街並みを歩いて見ているかぎりでは、いろいろなところにチェーン店を持っているような、ブランドを持つお店でも次々潰れて、「閉店」とかいう看板がよく出ております。幾《いく》つかのところで流《は》行《や》っているようなお店でも、地元で頑張《がんば》っている老舗《しにせ》みたいなところに負ける場合もあるし、長くやっている老舗も、ライバル店が出ることで潰れることもあるという厳しい現象はあります。

貧しさと豊かさの問題は人間を教育する面を持っている

この経済学の問題は、単なる「貧富《ひんぷ》が善か悪か」という問題を超《こ》えて、長い人生のなかでの、人間の教育の一面としての面は持っているのではないかと思われるのです。

みんな潰れたくないし、赤字も出したくないし、倒産もしたくないし、「職業がなくなる」というのは大変なことですから、いかに転職社会に変わっていったとしても、そうそう、会社が潰れたりお店が潰れたりするようなことは、いいことではないでしょう。

そうすると、逆に、そうした資本家階級、財閥《ざいばつ》階級を憎《にく》んでいたようなマルクス主義の共産党などが指導するところが出てくるとどうでしょうか。一手にすべての権力を持っているということで、目に見えないかたちでの新しい権力構造と経済構造をつくることも可能になっていますので、何がどうなるかはちょっと分からないところがあります。

共産主義のほうは基本的に無神論・唯物論《ゆいぶつろん》の世界ですけれども、その考え方自体は、別に、この世でお金儲《かねもう》けをするのに不利だとは必ずしも言えないと思います。非常に血も涙《なみだ》もない経営だって可能だろうし、労働者をロボット風に使うことだって可能だろうとは思います。

一方、アメリカなどでの新興企業《きぎょう》で大きくなったようなところ、例えば「フェイスブック」は、全世界ではいろいろなところで使っている人が多いのだろうと思います。私は使っていませんけれども、使っている人が多いのだと思います。

ザッカーバーグでしたか、ハーバードの学生のときに、日本でもありましたけれどもコンピュータ占《うらな》いみたいなもの、恋人《こいびと》の相性《あいしょう》みたいなのを突《つ》き合わせて紹《しょう》介《かい》するようなプログラムをつくったら、それは他大学まで広がって、マーケットが大きくなって、全世界に広げているという方もいます。

大金持ちですが、彼は公式には無宗教・無神論者だと確か言っていると思います。ただ、ほかの国に行ったときには、商売上の兼《か》ね合いか、その国の文化に敬意を表してかは知りませんが、「宗教心というか宗教も大事なことだ」というようなことを言っている場合もあるので、本心はよく分かりません。

仕事だけを見れば、コンピュータだけを使ってやる仕事というのは、別に、神も仏も必要なければ、深い人間性も特に要《い》らないようにも見えます。

そして、そうした「コンピュータ」と「宅配便」みたいなのがマッチングすれば、既存《きそん》の大きなチェーン店を持っているような店舗《てんぽ》や、あるいは大手百貨店等も、今、続々、倒産に追い込《こ》むような事業ができつつあります。ゲリラ的な手法だったものが、だんだん、「点を制して線になり、線を制して面になり」という感じになってきています。まあ、分からないことはありませんけれども。

そういうようなことで、二〇一九年十月一日《ついたち》の日本では消費税上げがあり、八パーセントから十パーセントに上げましたが、すぐに、コンビニでは王者だったセブン-イレブンみたいなところでも「千店舗閉鎖《へいさ》」とか言っているし、三越伊《みつこしい》勢丹《せたん》みたいな大きな百貨店でも「店舗閉鎖」というのが出ているし、「潰れるかも」などという記事も今日の週刊誌などには出ておりました。

あとは、そごうもそれに入っています。ローカルな話で申し訳ないけれども、私の出身地の徳島県は、徳島駅前に大きなそごうができてからは、多少、都会で買えるようなものが買えるようになって、県の文化レベルが少し上がったような気はしたのですが、その一等地のそごうも閉店になるとかいう話です。

高知県と徳島県は合区になって、（参議院議員）選挙が一緒《いっしょ》になっていますが、「高知になくて徳島にあるもの、それはそごうだ」ということで、「こちらのほうがややハイカラに買い物ができる」というところに差があったのだけれども、「これから一緒になるのかなあ」と思うところがあります。

ここ（徳島）に消費者庁があって、〝その目の前で潰れる〟というのも、「どんな消費調査をしているのかなあ」という気がしないわけではないのですが。

世の中の変転には、なかなかついてはいけないものもあります。

身分差別をするカースト制や黒人差別問題と「貧困《ひんこん》と豊かさ」はリンクしていることが多い

釈尊《しゃくそん》は「生《しょう》・老《ろう》・病《びょう》・死《し》」の「四苦《しく》」を説きました。「生まれる苦しみ」「老いる苦しみ」「病《やまい》の苦しみ」「死ぬ苦しみ」とありましたが、これ以外にも、宗教なら「貧《ひん》・病《びょう》・争《そう》」を言うこともありますから、「貧しい苦しみ」とか、「争う苦しみ」とか、そういうものも付け加えることはできるのかもしれません。貧しさは、おそらく、ずっと昔からあると思うし、あるときは豊かでも、貧しくなるものもあります。

このへんの原因を考えるのはとても難しいところがあります。私たちが説いているような「転生輪廻《てんしょうりんね》」の思想を使っていても、伝統的なインドのヒンズー教は、カースト制の維持《いじ》と一緒に、この「転生輪廻」の思想を使っている面も一部あります。

だから、「今、王侯《おうこう》貴族に生まれられるというか、そういうマハラジャ階級に生まれられるのは、過去世《かこぜ》で徳を積んだからだ。だからそういうところに生まれたのであって、今、貧困層《ひんこんそう》、あるいは、バラックがいっぱい建っているようなハーレム街《がい》みたいなところに生まれるようなのは、それは過去世で悪を犯《おか》したからだ」みたいな感じで、「業《ごう》」の思想、「カルマ」の思想を現代の身分の違《ちが》いなどに持ってきて、この階層の固定化を狙《ねら》うふうに使うことさえできるようにもなっているので、いかなる考え方を出しても、それをどう使うかによって違いがあるわけです。

アメリカにも、黒人差別時代に、黒人しか入れないレストランと白人だけが使えるレストラン、あるいは、白人が使えるトイレと黒人が使えるトイレみたいなものがあり、学校も分かれ、バスも分かれている時代もありました。このへんはアメリカでもなかなか直らなかった部分ではあります。

だから、この「貧困と豊かさ」の部分と、偏見《へんけん》やそうした差別の問題とは、リンクすることも多いのではないかというふうに思います。

社会生態学的には、見れば見るほど興味は尽《つ》きないところはあるのですけれども、これを簡単な理論でスパーッと切るのはそう簡単ではないのではないかと思います。

経済学の授業では分からず、実際に仕事をやってみて分かってきた「お金の動き」

今にして思えば、私も大学時代等に経済学とか経営学とかの勉強もしたのですけれども、学問・教育として学んだものでは、さっぱり経済とか経営のことは分かりませんでした。

近代経済学の先生は有名な貝塚《かいづか》家のご子息でした。いわゆる、湯川秀樹《ゆかわひでき》、小川《おがわ》環樹《たまき》、貝塚茂樹《しげき》とかいう学者一族が出ている、あの貝塚家のご子息で、東大教授になっていましたが、講義が下手《へた》なことで有名な方でした。五百ページぐらいの、何人かで書いた近代経済学の教科書があるのですが、一年かかって、この教科書を読み上げているのです。これには参《まい》ってしまいました。活字をそのまま読んでいるのです。

「もうちょっと、工夫《くふう》というか、経済を教えるなら、少なくとも、『何か創意工夫がなかったら商売なんか成功しないよ』ということぐらい分からないのか」ということを、こちらも言いたいけれども、いったん〝召《め》し上げた〟学生というか、入学させた学生は、普通《ふつう》は卒業の資格が欲《ほ》しいからやめません。「いったん囲いのなかに入れられた羊は、もう、どうされようとしょうがない」ということもあったのだと思いますが、一年間、その読み上げる授業を聴《き》かされました。教科書を読んでいるのだから、ノートだって取りようがないというか、取ってもいいのだけれども、教科書のをそのまま写すような内容です。

休みたいけれども休めないのは、ときどき、印刷されているグラフについて、「ここが間違っている」とか言ってグラフをちょっといじることがあって、黒板にグラフを描《か》くのです。「ここはこうなっているから、これ、もうちょっと、これが上に上がったほうがいい」とか「ここはもうちょっと下がっている」とか言って、ちょっとグラフを直すので、休むと、そこのグラフのところが分からないのです。

もしそんなのが試験に出たら困るから、「グラフをもし修正されたときに、いないとまずい」ということで、とにかく、みんな退屈《たいくつ》だけれども授業に出ていたというのがあって、「近代経済学とは何か」はさっぱり分からなかったのは覚えています。

まあ、「たぶん、教えている先生も分からなかったのではないか」と思います。本を読んで、それをいろいろ言っているだけ、あれこれ言っているだけです。

あとは、マルクス経済学も、公式に存在した学問としてありまして――今あるのかどうか、さすがにもうないのではないかと思うのですが――けっこう人気でした。「人気だった」というのは、「数学を使わないから、文系には特に有利」ということです。

まあ、思想を聴いているようなものだから、「楽に単位が取れる」という意味で、「マル経」も取っている人はけっこういて、私も両方、聴いたのですけれども、マル経の先生には、でも、ある程度、宗教でも信奉《しんぽう》しているような感じの雰《ふん》囲気《いき》が漂《ただよ》っていたのは覚えています。

とにかく尊敬するのです。「マルクスはすごい。エンゲルスはすごい」から始まって、その流れにある人を信奉するから、「宗教に本当にちょっと似ているところがあるんだなあ。広がったのには、そういう理由もあったんだなあ」というふうには思います。

最初の日に、教科書の目次に当たる部分、これを、見ないで黒板全部に書いて、「暗記している」ということを見せていました。マルクスのこの体系を全部暗記して書いたのですが、それを、何か、「どれほどお経《きょう》を暗記したか」というような感じの、宗教で言うと、お経を暗記している人の自慢《じまん》のような気持ちでやっているのを感じました。

両者の授業とも私は何にも経済のことは分からずにいたのですが、実社会に出て初めて、実務として仕事をやって、お金が動くことを知りました。

同時に、副読本というか、教科書として、日経新聞とか、ほかにも、日経産業新聞だとか、日経金融《きんゆう》新聞だとか、工業新聞だとか、いろいろありますけれども、そんなものとか、あと、「エコノミスト」とか「東洋経済」とか、そういう週刊雑誌が出ていますが、そういうものとか、経済にかかわっている人が書いている本、経営者とか、あるいは経済学者が外に向けて書いている本を読みました。そして、実際に仕事をやってみて、「ああ、何となく、こういうものかなあ」と分かってくる感じはしましたが、学問では分からなかったのです。

「経営学の権威《けんい》」の教授が「経営のことは分からない」と言った驚《おどろ》き

経営学は、岡本《おかもと》先生という東大の教授で、「経営学の権威《けんい》だ」と言われてはいた方に教わったのです。新書みたいなのを出していたので、一生懸命《いっしょうけんめい》、線を引いて読んだ跡《あと》が残ってはいるのですけれども、授業の初めに、「私は経営学者ですけれども、経営のことは分かりません」と言われたのが非常にもう耳に残っています。

「やったことがないから分からん」というのはそのとおりで、「資料を見て会社の比較《ひかく》をしたりすることはできますけれども、経営は分かりません。だから、トヨタとソニーの決算資料を比較して、どこがどう違うのかみたいな説明はできるけれども、なんでそうなったか、それについては説明ができません」というようなことを言っていたのを覚えています。

それで、学んだ経営学がまったく実社会では役に立たなかったことを深く胸に刻んで、「あんな〝死んだ学問〟を教えられて、ひどい目に遭《あ》った」と自分では思っていたほうなのです。単位さえ取れれば、みんな、いいのかもしれないけれども。

それで、HSU（ハッピー・サイエンス・ユニバーシティ）では、「経営成功学」というのをわざわざつくったのです。もちろん、授業を聴けばみんな成功するわけではありませんけれども、「経営学を教える以上は、経営が成功する方法を何とかして探究して、それを伝えようと努力せよ」という意味です。

（教える側が）そういう志向性というか、方向性を持っていなかったら、他人《ひと》事《ごと》みたいに、評論家みたいに、「この会社はこうです。この会社はこうです。これで、この会社は潰れました。この会社は発展しました。何倍になりました」みたいなことを言われても、「なぜですか。どうしてそうなったのか」のところを教えてくれないと、学んだ人には、結局、役に立たないのです。その教授はちょっと、「いい先生、善良な先生だから、地獄《じごく》には行っていないのだろう」と思うけれども、役に立たなかったことだけは、虚《むな》しいほど胸に染《し》み込むというか、やはり頭で理解するだけでは駄目《だめ》なのです。

経営が本当に大勢の人の人生の幸・不幸までかかわっているところを分からないといけないし、情熱を振《ふ》り絞《しぼ》ってやらなければ成功しないし、あるいは、「大義というか、『多くの人、他の人たちを豊かにしたい』という使命感を持たなければ、経営なんて大きくなれやしない」ということを教えられなかったら、やはり意味がないというようなことを、つくづく感じた次第《しだい》です。

2　貧富《ひんぷ》について「教育で格差が出る」というのは本当か

暗記型の秀才《しゅうさい》であるだけでは実社会では成功できない

この「貧しさと豊かさ」について、よく、「教育で格差が出る」という言い方はしています。

結果論的には、確かに、高いレベルの教育を受けた人のほうが高い収入を得ているケースは多いかとは思いますが、それは、「子供時代から教育投資もかかっていて、それで格差が出る」という考え方です。

まあ、そういうことはあるのですが、その教育の内容が結局、役に立たないものであれば、「高い教育を受けたから豊かになった」というわけではないかもしれないのです。

「入り口」は確かによかったのかもしれないけれども、そのあと、個人として、経済面というか経営面というか、仕事面での悟《さと》りを積み重ねていない方は、やはり成功はしていないのではないかなというふうに思います。

だから、「暗記型の秀才《しゅうさい》で、いろいろなことを諳《そら》んじられるだけでは、実際は、実社会に出てから成功するということはなかろう」というふうに思います。

いろいろな学派があって、いろいろなことを言っているけれども、「それから何をつかみ出して、自分の仕事に利用するかどうか、使用するかどうか」ということは個人個人の考えによりますので、何とも言えないことです。

例えば、元日銀総裁の白川《しらかわ》さんなどは、マネーサプライという、お金をどんどん供給することで経済をコントロールできるというような学派で、シカゴ大で優秀だった方のはずなのだけれども、実際、日銀総裁になったら、お金を出さない

「渋《しぶ》ちん」であり、全然、経済がよくならないというので、次の黒田《くろだ》さんのときに、今度は金融緩和《きんゆうかんわ》をすごくやったりして、正反対になったようなところもあります。

だから、「何をどう使うか」というところは非常に難しいのです。

「教育で差が出る」という考えもありますが——まあ、それは、「教育する側が結果責任まで負っている」という考え方であればそうかもしれないけれども——教育はあくまでもきっかけや動機の部分が多くて、結果責任はやはり本人について回るのではないかなと、私などは思っています。

昔からある「地域差」や「各家庭の格差」を教育においてはどう考えるべきか

現在、文科省などで、英検ほか、いろいろな英語の民間業者のテストを導入して、大学入試のときに使ってもいいとか、併用《へいよう》してもいいとか言っていることが大きく批判を受けています。大臣が「身の丈《たけ》に応じてやったらいい」みたいなことを言ったのが、「貧富《ひんぷ》の差を許容する発言だ」というようなことで批判されていることもあるのです。

確かに、私も今、「教育」をやっていて、幸福の科学学園とかＨＳＵ等でやっていますので、民間業者の英語試験等も学力を上げるのに役に立つことはよく知っているから、それは勉強されたほうがいいとは思いますけれども、各家庭の格差というのは、もう昔からこれはあることでして、どうにもならない面はあります。

特に、田舎《いなか》と都会の差は、もうこれは昔からあります。

田舎の人が例えば「英語の民間試験を受けるのに不便だから損だ。都市部のほうは練習用に何回も受けられるから有利だ」と言うのですが、こんなものは、昔からそうです。そのとおりです。昔から、英語の試験だけではなくて、それは、予備校の模試だろうが何だろうが一緒《いっしょ》でした。

それに、今はもうちょっと（受験できる地域が）広いのかもしれませんけれども、例えば、私のころは、まだ駿台《すんだい》などが権威《けんい》を持っていたころですが、駿台模試などというのは、駿台の東京校と京都校――駿台が自分で持っているのはその二つだったから――ここの二カ所でしか受けられなかったのです。

なぜかというと、「地方で試験を受けさせると偏差値《へんさち》が狂《くる》う」というわけです。地方の人にいっぱい受けられると、受験層の母体が狂うので、偏差値が当てにならなくなるため、自分のところの校舎だけで受けるというのです。

私も、川島町《かわしまちょう》から徳島本線で徳島駅まで出て、小松島《こまつしま》まで行って、小松島からフェリーに乗りまして、二時間四十分ぐらいかかって和歌山に渡《わた》りました。そして、和歌山から難波《なんば》まで南海電車に乗って、京阪《けいはん》電車で京都の三条《さんじょう》か何か辺りまで行きました。

四つ上の兄貴の下宿が銀閣寺道《ぎんかくじみち》にあり、兄貴の下宿は三畳《じょう》の部屋を二つ借りていたので、片方の側の三畳に転がり込《こ》んで、それで、立命館《りつめいかん》とか同志社《どうししゃ》大学とか、試験自体は大学も一部（会場として）借りていたこともあるかもしれませんけれども、わざわざ一泊《ぱく》して、そこで受験をして帰っていたのを覚えております。

「地方でやると偏差値がブレる」というわけです。

でも、徳島県でも、市内に四校あるなかの徳島市立高校というところの校長先生が「駿台模試を招聘《しょうへい》する。市立高校で受けられるようにする。会場を提供して呼ぶ」ということで、受けられるようにしたようです。

けれども、そのときも、要するに受験はさせてくれて成績は返ってくるけれども、徳島で受けた受験生の成績は全体のなかには入っていないのです。全体の受験の成績や偏差値、受験人数には入っていなくて、全国で受けているのはだいたい八千人から一万人ぐらいですけれども、「それに当てはめればどうなるか」というものが返ってくるだけで、〝外されている〟ような状態ではありました。

昔から、それはもう歴然と環境《かんきょう》の差はあったと思います。

また、徳島市内の人などは有利だったとは思うけれども、ただ、私などは、中学時代に、山のほうの学校——木屋平村《こやだいらそん》というようなところの中学校と交流があったりして、文通とかをしたりしていたことはあるのですけれども、その辺りの人は徳島市内まで出られなくて、「川島町辺りに出てきて農家の二階に下宿して、川島高校に通学している」というような感じであり、川島高校に行くのに下宿しなければいけないみたいな子たちもいたのです。まあ、当時、下宿して行くほどの学校だったかどうか、ちょっと微妙《びみょう》なところではあるのですけれども、やはり経済格差はそうとうありました。

同級生等も、農家で「子だくさん」だったような子の場合は、中学を卒業したら、農協に就職したり、あるいは大阪《おおさか》に集団就職したりした人もいっぱいいて、勉強ができる子もいたのです。中学の先生が「奨学金《しょうがくきん》があるから、奨学金をもらって高校にやったらどうですか」と親に勧《すす》めたりしていましたけれども、「いや、下の子がいっぱいいるから、行けません。働かさないと。ちょっと、食い扶持《ぶち》を減らさないと無理なので」みたいな感じでした。中学（卒）で、当時は「金の卵」とは言われてはいました。工場が、高度成長し始めていたので人手が欲《ほ》しくて、そうだったのですけれども、やはり差はありました。

だから、見ていて、「勉強ができるのに、中学卒で終わりになるのかな。かわいそうだな」と思うこともありました。

奨学金が出たら行けることは行けるのだけれども、それでも、子供の数が多かったら、やはり、「働き手がもっといないと駄目《だめ》なので」と言えば、「確かにそれはそうだろうな」という感じでした。まあ、それを悪いと見るかどうかは別の問題です。

「教育の機会均等」のために国が費用を負担するのはやりすぎ

私の兄などは、あとで、徳島市内で塾《じゅく》を開いたのですけれども、そうした経済格差があるのはかわいそうだから、「徳島の子供にも京都や大阪、神戸《こうべ》、こういう京阪神《けいはんしん》と同レベルの学力をつける」とかいう謳《うた》い文句《もんく》にして塾をやっていたのです。

どういうふうにするかというと、塾の費用としては月一万円ぐらいしか取れないので、塾のお金で子供たちを連れていき、模試を受けさせたのです。当時は、阪神・淡路《あわじ》への高速フェリーか何かが出たのではないかと思うけれども、塾の費用で京阪神地区まで子供たちを連れていって、模試を受けさせてやるわけです。「引率《いんそつ》して連れていって、受けさせて、帰ってくる」ということをしていました。

それは、親は大喜びしました。親は大喜びで、「親切な塾だ」ということで、とても評判はよかったのです。「塾の費用で連れていってくれて、模試を受けさせてくれるとは、すごくいい塾だ」と。しかし、赤字で潰《つぶ》れました。三年ぐらいで、親切すぎて潰れました。経済原理に合っていなかった、あるいは、経営学的に合っていなかったから潰れましたけれども、そういうふうな機会均等、公平性を維持《いじ》しようとしたら、やはり、どこかに無理はいくものです。

文科省が交通費や宿泊費まで負担してまで英検を受けさせて、大学受験のときに格差が出ないようにしようとかいうことで、何年か前から考えていたというようなことを言っていますけれども、いや、さすがにそこまで言うと、「ちょっとやりすぎではないかな」と私は思うのです。

私の兄の塾ではないけれども、国が旅費まで出して、英検を受けろとか、TOEIC《トーイック》を受けろとか、TOEFL《トーフル》を受けろとか、そこまでやるというのは、ちょっと親切すぎるような気が、主観的にはやはりするのです。

特に、国に一千百兆円（説法当時）もの借金、国民よりの借金があるなかで、そこまで大盤振《おおばんぶ》る舞《ま》いできるというのは、ちょっと慈悲魔《じひま》が過ぎるような気はすることはします。これは、もうちょっと違《ちが》った方法を考えてもいいのではないかと思います。

まあ、本当は、普通《ふつう》の大学はどこでも、市販《しはん》の参考書、問題集を使って受からないことはないのです。本屋で売っている教材で受かることは受かるのですけれども、その時間と手間を短くしようと、みんな一生懸命《いっしょうけんめい》やっているということではあります。

3 映画「ジョーカー」に見る貧しさと「社会悪」について

――ミリメートルも共感できなかった映画「ジョーカー」の犯罪動機

ただ、今、思うのですが、この貧富《ひんぷ》の問題というのは、本当に両面あって、一《いち》概《がい》には言えないと思うのです。

こう言うのは、実は、映画「世界から希望が消えたなら。」（製作総指揮・原作大川隆法、二〇一九年公開）も、もうそろそろ上映期間の終わりが来ているので、平日に、ちょこっとだけ、動員数が多い映画で「ジョーカー」というのを、実は内緒《ないしょ》で観《み》てきたのです。

「なんでこれがヒットするのだろうか」という、やはり疑問はあったし、ある人が「美容室に行ったら、『若い人はあの映画を観たほうがいい』と勧《すす》めている」とか言っているから、なぜだろうと思って、やはり疑問を持って、ちょっと観たのです。

結局、ジョーカー誕生までを描《えが》いた映画ですが、ジョーカーというのは、クリスチャン・ベールがバットマンを演《や》っている「バットマン」シリーズの第二集で出てくる悪役です。トランプのジョーカーの格好みたいなピエロのような格好をして、口が赤く描《か》いて裂《さ》けたような感じで、狂《くる》ったような感じで犯罪を犯《おか》すというのです。

この「ジョーカー」がなぜヒットしているのかをちょっと疑問に思ったのと、香港《ホンコン》の人たち、香港デモをやっている人たちの感想を聞くと、一部――一部か半分ぐらいか知らないけれども――この「ジョーカー」を観て「何か共感するものがある」とか言っている人がいるのです。なるほど、警官を向こうに回して暴《あば》れたり、金持ち階級とか、そういう権力者、市長とかを目指しているような人とかに、ピエロの格好をして自動車を燃やしたりビルを燃やしたりしながら反抗《はんこう》したりしているのが、ちょっと今の香港の事情に重なる部分があるから共感するという人も一部はいるのでしょう。まあ、共感できないという人もいることはいるのですけれども。

そういうことで、ちょっとヒットの理由を見に一回行ってきたのですが、正直言いまして、全部、全編を観た感じでは、私は一ミリメートルも共感することはやはりできなかったのです。

その映画では、結局、「犯罪人が出る理由、人をいっぱい殺したり権力を破壊《はかい》したり建物を破壊したりするような人が出る理由は、生まれによって貧しかったり、あるいは病気や障害があったりしたためにそうなる」というわけです。

ジョーカーなども、笑いが止まらないという神経の病気があって、それには本当は幼児のときの虐待《ぎゃくたい》もあったのだということになっていましたし、市が予算を削《けず》って相談窓口も閉めて、薬もくれなくなったというような事情も入っていました。そして、そのピエロ役をやっていた人が〝ファイヤー〟、クビも切られたというのもありました。ただ、これから大悪党の親分みたいになっていくプロセスについての因果《いんが》関係は、やはり説明できていなかったと思うのです。

気持ちがすさむ、あるいは貧乏《びんぼう》だということでしたが、でも、そんなに言うほど貧乏には見えませんでした。映画を観るかぎりは、ニューヨークのなかで比較《ひかく》的裕福《ゆうふく》な人がいないところであると思いますが――ブロンクスかあの辺りの移民が多いような地区ではあったようには思うけれども――いちおうアパートがあって冷蔵庫はありましたし、なぜかそこで、病気の母親とピエロ役をやったり失業したりしている人が住めるということ自体が、ちょっと不思議な感じはありました。

それから、アメリカはよく人をクビにするところではありますけれども、それが、ピエロ役をやっていた友人にピストルをもらうことで人を撃《う》ち殺すようになった。それで、最初に撃ち殺したのがバットマンの会社の人です。バットマンのお父さんのつくった会社に勤めていたエリート三人が夜中の電車のなかで女性をいじめていたというし、自分もいじめられたというので撃ち殺したというあたりから話は始まるのです。

それから、殺人鬼《き》みたいになったり、あるいはだんだん似たような人がいっぱい出てくるような感じになったのですけれども、確かに、悪にも発生原因はあろうし、地獄《じごく》にも発生原因があるから、そういうきっかけはあったかもしれないけれども、それは、そこまで行かなければいけない理由は特にはなかったような気がしました。

途中《とちゅう》まではバットマンをしている人のお父さんが悪人だったのかなと思わせる

面もあったけれども、でも実はそうではなかった。クビになったお母さんが実は妄想《もうそう》して言っていただけだったことまで分かってきて、そうではなかったことが分かるので、「正当性はない」ということです。

それで、大勢の人を殺すようになっていくのですけれども、私としては、「因《いん》縁《ねん》果《か》報《ほう》」の因果の理《り》がそのなかにないので、十分納得《なっとく》できなかったのです。

「ジョーカー」と『ああ無情』に共通する、貧しさへの考え方

一方、両親をそういうピエロ仲間に殺された、バットマンになる方のほうは、金持ちのボンボンで、その後バットマンになるのでしょうけれども、裕福な家庭に生まれて、親から財産をもらって、社長業をしなくても会社が回っているというような、非常に恵《めぐ》まれた環境《かんきょう》です。

ああいう環境で育って、バットマンみたいに夜な夜な出撃《しゅつげき》して、銃《じゅう》も使わない

で命懸《いのちが》けで戦う。銃も使わないでパンチや蹴《け》りや、あるいは〝手裏剣《しゅりけん》〟とか、自分を吊《つ》り下げるロープとか、あんなのは使ったりはしますし、バットマンカーぐらいは使いますけれども、バットマンは銃で人を殺さない人で、素手《すで》で戦う。あいうふうな人になれるかといったら、これまたなれない。金持ちのボンボンでああいうふうになれるか、自分を鍛《きた》えて、悪と素手で戦う、肉弾戦《にくだんせん》で戦うというのはできるかといったら、できないですし、そちらの可能性もまた難しいだろうと思うのです。そう簡単にできることではないと思います。

彼は「豊かな人が悪と戦う、お父さんの志《こころざし》を継《つ》いで悪と戦う」というのをやっていますが、(映画「ジョーカー」については)今度は、貧しいから、人殺しをしたり放火したり、いろいろな犯罪をやったりしても構わないというような思想にどうも共感する人が多いから、いっぱい観ているのだろうと思うのです。

あの映画で興行収入は一千億円ぐらいまで行っているということだったら、もう六千万、七千万の人がたぶん観ているということだから、「それに共感する人がいる」ということだろうし、いろいろな賞も出てはいるのだろうから、ちょっと「そういう社会悪は社会の責任なので、それを描《えが》いたものはほめ称《たた》えられる」みたいな気《け》があるようです。

そのジョーカー役も、実は『ああ無情』を書いたヴィクトル・ユーゴーの別の作品のなかに、笑う登場人物が出てくるのをモデルにしたといわれているのです。

ヴィクトル・ユーゴーは『ああ無情』を書いて、私も昔は「いい人だ」「素晴《すば》らしい文学者だ」と思っていたけれども、その後の私の霊査《れいさ》で「ヴィクトル・ユーゴーは地獄で苦しんでいるらしい」ということが、世界で初めて明らかにされてしまいました。

彼は貧乏に同情していて、(『ああ無情』では主人公は)悪い警部に追いかけ回られていた市長になっていましたし、家なき子を育てているいい人だったはずなのに、パンを一個盗《ぬす》んだだけで、いろいろな脱獄《だつごく》の罪も合わさって二十年ぐらいの懲役《ちょうえき》になっていたと思います。そういう理不尽《りふじん》な社会制度を糾弾《きゅうだん》する小説だから、みんなに受けた、世界中に受けたというのはそうだと思うのですけれども、似たようなものは「ジョーカー」とかそんなものにもあると思うのです。

善悪を判断するには「ほかの人がまねをしてもいいことか」を考える

同じく悪人を主役にしても、映画の「アベンジャーズ」あるいは「スパイダーマン」のスピンアウトもので「ヴェノム」というのがありました。これは、宇宙生物みたいなものに取り憑《つ》かれて、全身が黒くなって変身してやるのですが、悪人でもヴェノムのほうは「人を食べるのだけれども悪人だけを選んで食べる」というところで、まだ少し救いはあったのです。善人か悪人かを見て、「こいつは悪人だ」と判断したら食べてしまうということで、悪の宇宙生物に憑依《ひょうい》されたとはいっても「悪人だけを食べる」という、いちおう「選択《せんたく》」はまだやっていました。

「ジョーカー」になったら、もう善人も悪人もない感じになって殺していましたので、やや社会的風潮としてはこういうものを肯定《こうてい》したい気持ちは分かるのだけれども、やはりカントの道徳律、「格率《かくりつ》」と一緒で、「あなたがすることをほかの人がまねしてもいいと思うことなら、それをしなさい。あなたがやることをほかの人がまねしたらよくない、ほかの人がそういうことをしたらよくないと思うことはするな」ということです。これはカントの有名な「格率」です。格率というのは、性格の「格」に「率」という字を付けるのですけれども、これは確かに、いまだに善悪を判断するときに一つの指標ではあります。

「自分だけだからいいだろう」と思って、だいたい悪事というのはなされるものです。頭では、例えば万引きは悪いことだとは分かっている。ただ、自分だけだったらいいんじゃないかというような感じです。「お金はたまたまないし、でも、いい本があるし読みたい本があるから、自分だけならいいんじゃないか」とか、「これ、たかがマンガじゃないか。万引きしたって全然困らない」とか、例えば「自分ならいいや」と思うことはあると思うのです。

ただ、「ほかの人がみんなまねしていいかどうかということをいったん考えろ」ということであれば、「ほかの人がみんなそうしたら、いや、それは店も潰《つぶ》れるし、やっぱり作者たちはそれで生計を立てているんだろうから、困るだろうな」ということです。売上が立たなかったら結局、原作者たちにも収入が入らないし、編集者たちもタダ働きになるし、出版社たちも営業もタダになってしまうし、店のほうの営業時間に働いている人たちも自分たちの給料がもらえなくなって、古本屋からどんどん今、書店は潰れていっています。

映画だって一緒です。映画館で「盗撮《とうさつ》しないでください」とか、ときどき流れることがありますけれども、映画を盗撮して、それをダビングして安く売ったりする「海賊版《かいぞく》」が出回れば、収入が減っていって、ほかの人に迷惑《めいわく》がかかります。

殺人だってそうです。正当防衛でどうしても戦わなかったら、自分が殺されるというようなこともあるでしょう。相手が首を絞《し》めてきているというようなことがあって、その人を蹴飛ばしたら、川に落ちて死んでしまったというようなことだってあるかもしれないし、正当防衛が成り立つ範囲《はんい》内なら許されることもあろうとは思いますけれども、一般《いっぱん》には、「ほかの人がまねしてはいけないようなことは、やはりするべきでない」というものは働くべきでしょう。

だから、そういう映画とかマンガ、小説等もありますけれども、もし「ほかの人もまねしていいことなのかどうか」というクエスチョンを投げかけられて、ほかの人がまねしてもいいことならいいけれども、「してはいけないこと」、「自分だけ得するということ」を目指すなら、ちょっと考えてみたほうがいいかなと思うことはあります。

もし、それに付け加えるとすれば、やはり「神仏の心まで斟酌《しんしゃく》してほしいな」という気持ちはあります。

「神様・仏様は、自分がこういう行為《こうい》をすること、他人《ひと》に対してこういうことをすること、社会に対してこういうことをすること、お店とか会社とかに対してこういうことをすることは、認められるだろうか、どうだろうか」というところまで、他人がまねしていいかどうかだけでなくて「神仏はそれを肯定されるだろうか、どうだろうか」というところまで考えることができるなら、さらに立派だろうと思うのです。

そうした「ジョーカーもの」に、まったく神仏が登場してきませんので、信仰《しんこう》心《しん》も出てこないのです。そういうところは、やはり私は問題だなと思います。

だから、悪人も出てくるし、アメリカンヒーローもいっぱい量産されていますけれども、あれは現代の神々の代わりでしょう。オリンポス十二神の代わりに現代の神々として、「アイアンマン」だとか「スーパーマン」だとか「スパイダーマン」だとか、いろいろなヒーローが出てきて悪と戦ったりするようなことをやっていて、「神の代理人」のイメージをつくっているのだろうと思います。そういう人を通さないでは、神仏の働きが分からないから出ているのだと思います。

4　貧しい環境《かんきょう》、恵《めぐ》まれた環境からどう生きるか

環境や他人《ひと》のせいにせず、そのなかでどう考え、生き抜《ぬ》くかが大事

宗教としては、「悪が起きるのは当然だ」という方向にすべてを持っていくのはよろしくないと思います。

環境《かんきょう》要因とか他人《ひと》のせいとかいうのは、確かにあることはあるのですけれども、「そのなかでどう考えて、どう生き抜《ぬ》くか」ということが非常に非常に大事なことであろうかと思うのです。

世の中には道はいくらでもあるし、教育だけでお金が儲《もう》けられるようには、実際、内容から見たら、なってはいないのです。

例えば、今は司法試験改革もだいぶなされて、法科大学院からわりあい早く司法試験に受かるようにもなってきましたが、昔、私たちのころは六十倍を超《こ》えている倍率で、平均九年ぐらい勉強しないと受からないようになっていて、受かるのはだいたい二十九から三十歳《さい》ぐらいでした。まあ、今も年はそんなに変わらないですけれども。

法学部を出ても、そのあと浪人《ろうにん》して受け続けて、何年かやっていてもう三十近い年になったら、就職するのは極《きわ》めて困難なことです。だから、ちゃんとした職に就《つ》けない人もいるし、ほかのところに就職して出世してくる方もいらっしゃるのでいろいろですけれども、必ずしも学問をやったことが成功につながるとは言えないものもあります。

あるいは、弁護士や医者等でも、試験は受かっても適性があるかどうかというものもあります。口が立たない弁護士なら、これはなかなか厳しいでしょう。試験は受かるけれども、お客はやはりあまりつかないし、裁判はよく負けるでしょう。これはやはり、若干《じゃっかん》、試験では試《ため》せない本人の性格というか人間関係力もあるでしょう。

医者だってそうです。いちおう高給は取れますけれども――医者はもう医学部も長く、インターンもあって、初任給からけっこう四十何万円ぐらいもらえることも多いのですが――大学に入るのに何年も浪人していることも多いし、大学も長いし、競争も大変です。

けれども、また、医者になっても人間嫌《ぎら》いの方もいらっしゃるし、単に数学と物理ができたから医者になったという人もいるので、こういう人の場合はちょっと具合が悪いことがあります。機械ならまだしも、人間相手になると、本当は嫌《いや》かもしれないのに、それを相手にしたりしているし、血を見たら卒倒《そっとう》する人はいっぱいいます。だから、本当は適性を欠いているけれども、頭がいいのを証明したくて医学部に行っている人もいます。

東大でも医学部に百人合格しても、いつも（医師の国家試験の）合格率は九十パーセントぐらいで、十人ぐらいは受からない。そういうなかで、本当は適性がなくて、もう自分は医者には向いていないと分かる人はけっこういるのです。まあ、「成績がいいから行っちゃった」という方はいるのですけれども。

これに比べて、慶應《けいおう》の医学部とか徳島大学の医学部とかになってきますと、百パーセント近く医師の国家試験に合格です。まあ、百パーセント、ないし、悪くても九十九パーセントのところもあります。だから、地方大とか、そういう私立のほうはちゃんと受かるけれども、国立最難関のところに行ったら、受からない人が十パーセントも出てくるというケースです。こんなものもあるのです。

お金儲けの道では資格を取って儲ける道もありますけれども、どの道を歩んでも、いろいろな丘《おか》を越《こ》え峠《とうげ》を越え、川を越えて行かなければならないことは一緒《いっしょ》だし、「今のあなたが置かれた状況《じょうきょう》は、すべて不幸のもとということはないんだ」ということを、やはり知ってほしいと思います。

そのなかから立ち上がっていく道はあるのだということです。

同じ環境《かんきょう》でも、「心掛《こころが》け」と「精進《しょうじん》の積み重ね」で人はよくも悪くもなる

私も振《ふ》り返ってみると、ちょっと本当に危なかったなと思うことはあります。高三のときには、母親が子宮筋腫《きんしゅ》の病気になって入院してしまったし、大学一年生のときには、ちょうど夏休みがかぶった時期ですけれども、今度は父親が胃《い》潰瘍《かいよう》になって四十日も入院したこともありました。最初は「胃ガンではないか」とまで言われたこともあって、一時期危篤《きとく》状態になって呼び返されて、「うわあ、卒業できないかも」と思ったのを覚えているので、けっこうヒヤヒヤではありました。自分自身もヒヤヒヤの経験はしてはおります。

家内の紫央《しお》さんも、昨日《きのう》の夜、話をしていたら、「自分も大変だった」ということでした。幸福の科学の経営も、初期のころはけっこうダッチロールしていたから大変で、ときどき大量の職員還俗《げんぞく》の時期もありました。お父さんは支部長をしていたのだけれども、支部長でも本部がやたら資料を送ってきたり、コンピュータをいじらないとできないようになってきました。途中《とちゅう》、九〇年代ぐらいですごく流行《はや》ってきたので、そういうことがあって、お父さんも転職したときがあったらしくて、ちょうどその時期ぐらいが大学入試に近いころだったらしいので、けっこう厳しかったことはあったとは言っていました。

それでも、新聞社の奨学生《しょうがくせい》の試験を受けて、返還《へんかん》しなくてよい奨学金——五人ぐらいが五万円ぐらいもらえるものがあるのですけれども——それが取れて早稲《わせ》田《だ》に行けたというような話もありましたので、みんな努力して、その後はいろいろ変わることはあるものだと思います。

だから、同じ環境《かんきょう》でも人は変わってくるし、どちらにでもなるのです。ですから、やはり「心掛《こころが》け」と「精進《しょうじん》の積み重ね」が極めて大事であると思うのです。

恵《めぐ》まれている者が持つべきノーブレス・オブリージの精神

さらに、自分が恵《めぐ》まれていたら、それだけの責任と義務があるのだという気持ちは持っておいてください。

私たちのころは、国立なども授業料は安かったのです。あとでどんどん上がっていって、ちょっと私立との差を縮めるようになってはいったのですけれども、とても安かったから行けたのは事実なのです。

長女の結婚《けっこん》相手のお父さんが慶應を出ているので、結婚式のときに会って話したときに「お父さんは慶應を出てらっしゃるんですか。いやあ、慶應ですか、いいですね。慶應なんか行きたかったけれども、お金がなかったので行けずに、東大に行きました」と言ったら、「もう、冗談《じょうだん》言わないでくださいよ」と言っていました。「いや、本当のことです。慶應は受けることもできなかったですよ。行ったって授業料が高くて卒業できないし、とてもじゃないけれどもこれは行けないと思ったから、『もう東大しかない』と思って行ったんです」という話をしたら、「冗談でしょう」と言って笑っていました。

そういうこともあったのですが、昔は（国立の授業料は）安かったのです。本当に安かったのです。授業料が安くて、私のときでも極めて安かったと思っています。私のときでも――昔、額を間違《まちが》えて編集部に直されたから、もう言うのをやめますけれども――安かったのです。私の四つ上の兄の代になったら、確か、年間授業料が本当にもう、半期一万八千円とかそんなものだったような気がするので、だから年間三万六千円とかだったような気がするのです。

私のときはもうちょっと多かったですけれども、まあ、初任給にも全然行かないレベルだったと思っています。

ですから、就職のときなども、厳しく面談してくれた部長――京都大学を卒業した方でしたけれども――その方に、「あんたみたいな国立を出た人は、やっぱり税金で教育してもらったんだから、社会に出たらお返ししなきゃいけないんだぞ」と言われて、就職面接なのになぜか叱《しか》られた覚えがあるのです。「ちゃんとお返しするんだぞ。そういう義務感を持ってなきゃ駄目《だめ》だ」ということで、ノーブレス・オブリージ（高貴なる義務）を懇々《こんこん》と教え込《こ》まれたのを覚えております。

やはりそういう気持ちが大事だと思うのです。

だから、当会でも、幸福の科学学園とかHSUとかもありますけれども、数多くの大黒天《だいこくてん》や、一般《いっぱん》の信者のみなさんがたからお布施《ふせ》が集まって、教育が成り立っています。やはり、そういうことのありがたみというのを十分感じて、勉強して、卒業してからも社会にお返ししていこうという気持ちは持ってください。

もちろん、大学生になったら、アルバイトなどをして収入のある方もいるとは思いますが、それだけで卒業できたとは思わないでください。建物を建て、教員を雇《やと》い、それからいろいろな経費を使うためには、多くの方々の、自分の子供でもない人のための支援《しえん》が数多くあって成り立っているのです。

だから、真面目《まじめ》に勉強して当たり前だし、そんな犯罪などしないでやるのは当然のことです。例えば、人殺ししながら勉強してどうしますか。あるいは人に暴行、傷害を加えたりしてやってどうしますか。あるいは麻薬《まやく》や覚醒剤《かくせいざい》、そうしたものに手を染《そ》めて金儲けをするとか、ほかの人を堕落《だらく》させるとか、あるいは自分自身を破壊《はかい》するとか、そういうことをやってどうしますか。まあ、そういうことです。また、お酒を飲みすぎて事故を起こしたりとか、そういうこともやはり恥《は》ずかしいことではあろうと思います。

だから、多くの人のそういう恩を感じて勉強するときに、涙《なみだ》ながらに勉強した人ほど、やはり本物になっていくのではないかと思います。

そして、それを自分のためだけに使わないことです。そういう学歴とか、そうした知識、情報も、経験も得たでしょうけれども、それを自分のためだけに使わないことが大事です。「自己中人間」になり、自分をほめ上げ、人をくさして、そして幸福感を感じて生きる人間ほど、寂《さみ》しいものはないと私は思います。だから、自己中になってはいけない。

よくものを知って、よく経験して、他人《ひと》を教えられるぐらいの、そうした智慧《ちえ》を持った人ならば、他の人に分かりやすく物事を説いたり、導いたり、助けたりすることが大事なことです。

先ほど言ったように、たとえ文科省がもし補助金を出してくれて、旅費や交通費まで出してくれて、英検の一級とか取れたとしても、「だから、自分は偉《えら》いんだ」「だから、出世して当然だ」「だから、おまえたちに威張《いば》って当然だ」というふうなタイプの人間をつくっていくなら、そんなのは無駄金です。

そうではない。

だから、おかげさまで英語がよくできるようになったなら、「その力を使って、ちょっとでも世の中のためになるように働きたい、お手伝いしたい」という、そういう気持ちを持つことが大事なことです。

特に、そういう官学系の方や難関校を出ている方の場合は、既得権《きとく》を当然として、自慢《じまん》をして、「自分たちは貴族階級だ」みたいな感じになりやすい傾向《けいこう》がとても見受けられます。そういう貴族階級と見えることもあろうかとは思うけれども、イギリスなどは貴族だからこそボクシングをやったり戦場に出たりしていました。貴族にはそれだけの義務があるというか、ノーブレス・オブリージ（高貴なる義務）をやはり言っています。ボクシングというのは命を失うこともあるかもしれない格闘技《かくとうぎ》ですが、そういうものを貴族の子弟《してい》はやったりもするし、戦場にも行きます。王子でも行きます。やはり、それだけの、「先頭を切ってやらなければ駄目だ」ということを言っているわけです。

5 「自助論」から社会の豊かさを目指せ

物事をよく知っているエリートならば分かりやすく人に教える努力が必要

ほかの人よりも優《すぐ》れた人であるならば、より多くの責任や、多くの人たちのリスクを引き受けてやっていくだけの根性《こんじょう》も努力も必要だし、また、自分が物事をよく知っているなら、それを分かりやすく人に教えてあげる努力をするべきだと思うのです。

「勉強した人の言っていること」が分からないことが多いのです。

特に大学の学者とか、そういう人たちは言っていることが分からない授業をやって、「それは当然だ。自分は賢《かしこ》いから当然だ」と思っている。「それを分からない学生のほうがバカだ」「分からない庶民《しょみん》のほうがバカだ」などと言っているけれども、それは違《ちが》うのではないかと思います。

もうちょっと、本当の意味で理解が進んでいたら、相手に合わせて対機説法《たいきせっぽう》ができるはずで、仏陀《ぶっだ》がしたように、相手に分かるように話はできるはずです。テレビに出ても、新聞に書いても、分からないことをいっぱい発表しても、世の中の役に立たないのです。「分かることを言ってくださいよ」ということは、これは義務として知るべきだというふうに思います。だから、そのへんの努力感は要《い》るのではないでしょうか。

「分かりやすく言うと、バカだと思われる」とか「自分が勉強したことは分からないのではないか」と思って、人が知らないことを言いたがる人はいます。そういう見下す態度は、学者や役人、あるいはエンジニアとか博士号などを持っているような人には多くいるとは思います。

けれども、人の気持ちが分からなくなっていったら、やはり「人類への愛」とか「発展」にはつながっていかないのではないかというふうに思います。難しいことを分かりやすく言うことができる人のほうがやはり実際、技術的にも難しいし、人間としても努力感が要るだろうというふうに思うのです。

昔、一度触《ふ》れたことがありますが（『宗教者の条件』〔幸福の科学出版刊〕参照）、私が卒業したところで、政治学は丸山眞男《まるやままさお》という人が――東大闘争《とうそう》、安保《あんぽ》闘争のころに、オピニオンリーダーですごい影響力《えいきょうりょく》を持っていたので、そのお弟子《でし》さん、孫弟子の方々が後《あと》をだいたい継《つ》いでいっていますけれども――丸山眞男が東大の本郷《ほんごう》の二十五番教室という大きな教室で授業をしたときに、「君たちはエリートで、あとの人は民衆なんだ」というようなことを、確かのたまわっていたと思います。

だから、民主主義といっても、本当は、端《はな》から笑っているわけです。「われらエリートがいて、導いてこその民主主義で、民衆は大したことがない」と思っているのが背景にあって、そういうリベラルの左翼《さよく》的な社会運動のリーダーをやっているのだけれども、本心はエリーティズム（エリート主義）だったということは知っておいてほしいと思います。

私は、そういう考え方には相性《あいしょう》の悪さを自分としては感じていました。「エリートだったら、本当に世の中がよくなるにはどうするか考えるべきだろうが」という気持ちがありました。ちょっとそういうことは知っておいてほしいと思います。難しい言葉とか、あるいは人名とかを出すことが大事なことではありません。

「ゼロ成長」が続いているなかで消費税を上げたら財布《さいふ》の紐《ひも》を締《し》めるのは当たり前

国会答弁なども、新聞に揚《あ》げ足を取られないようにだけ一生懸命《いっしょうけんめい》答弁をやって、引っ掛《か》けられないということで、もう今、何か禅問答《ぜんもんどう》の代わりみたいなことをやっていますけれども、ちょっと虚《むな》しいなと思うことがあります。

まあ、失言はしてもいいから、もうちょっと分かりやすい言葉で、国民が実際、プラスになることを言ってください。

分かりやすい言葉で言ってください。

責任逃《のが》れをするために、抽象的《ちゅうしょう》な言語をいっぱい弄《ろう》して言うのはやめていただきたいのです。

「消費税を上げても景気は成長する」とおっしゃったのなら、なぜ、十月一日《ついたち》に消費税を八パーセントから十パーセントに上げたら、全国に一万店舗《てんぽ》以上を持っているセブン-イレブンという最強のコンビニが千店舗閉鎖《へいさ》を発表するのですか。なぜ、そごうや三越伊勢丹《みつこしいせたん》みたいな、こういう強力な百貨店が店舗を閉鎖するようになるのですか。やはりちゃんと分かる言葉で説明してください。

こちらは（消費税の増税は）危ないのではないかと、ずっと言っているのですから。

実質上、「ゼロ成長」がずっと続いているのですから、これで消費者マインドが冷え込《こ》んだら、それは、みんな財布《さいふ》の紐《ひも》を締《し》めます。当たり前のことではないですか。

それを、キャッシュレス経済に変えて、全資産をつかんで、タンス預金をなくして、税務的に使えるようにしようと考えているのだろうけれども、それは、みんなは防衛のためにタンス預金もつくるだろうし、企業《きぎょう》だって、銀行が貸してくれない、あるいは貸し剝《は》がしをするときのために、内部留保をつくるでしょう。全部それを人件費で払《はら》ってしまったら、来年潰《つぶ》れるかもしれないことだってあるわけです。みんな防衛のためにやっているので、このへんのところを知るべきだと思います。

ＭＭＴ理論のような、「自国通貨で出した国債《こくさい》で、インフレが起きていない状《じょう》況《きょう》のときには、いくら借金のための国債を出しても潰れない」というような理論が出ているけれども、そんなのはありえない話であることぐらい、なぜ分からないのでしょうか。

江戸《えど》時代に、幕府は自国通貨で偽金《にせがね》をつくりました。金や銀の含有量《がんゆう》を薄《うす》くして、貨幣《かへい》の流通量を増やしました。そうしたらたちまち信用がなくなって、あっという間に経済はインフレ状態で悪化しました。日本だってもう経験があるのです。

そういうものであって、実体経済に裏付けがない、信用の裏付けがない、そんな、要するにＭＭＴ理論などというものはありえない話です。「もういくらでも借財しても構わないんだ。国は潰れない」「日本で、円建てで国債を出して、借金をどれだけしても、インフレが起きないかぎりはいくらでもいいんだ」と――山本太郎《やまもとたろう》さんとか、れいわ新選組の方などがそういうことを主張して、これがだんだん侵食《しんしょく》して広がりつつあります。

アベノミクスがうまくいかないので、だんだん安倍《あべ》首相（説法当時）もこちらのほうに引っ張っていかれるのではないかと思って、ちょっと心配しているのですけれども、これは、滅《ほろ》びへの道だと思います。

「ないものは配れないのだ」ということは、いちおう知ったほうがいいのです。「税収が増えない」ということは経済が発展していないからです。経済が発展したら税収が増えるのです。だから、国の経済が発展するような政策を取るべきなのです。

社会のせいばかりにするのではなく、まず、自分自身の心を変えよ

もう一つ言っておくことは、中国もそうだし、ヨーロッパもそうだし、アメリカもそうだけれども、みんな、「資産バブル」です。これがそうとう起きています。

これは、一九九〇年代の日本に起きたことと同じことが、世界中で起きる可能性が極《きわ》めて高いのです。これにも備えなくてはなりません。「備えるためにはどうするか」ということですけれども、基本的に、やはり経済の真っ当な倫理《りんり》を立てることが大事だということです。

まずは、信用のもとになるものをつくる。その信用に基《もと》づいて、世の中を成功、発展に導く経済活動をする。それによって利潤《りじゅん》を得て、経済を大きくしていく。

当たり前のことは当たり前にやる。そういう倫理観を持つことが今は大事だと、私は思います。

単なる社会問題や、社会問題としての貧困《ひんこん》が犯罪を生んで貧しくなったというような理論に堕《だ》してはならないと思います。

貧しく生まれついても、ちゃんと立身出世《りっしんしゅっせ》した人もいれば、事業家になった人もいる。貧困をなくそうとして事業を起こして、社会を豊かにしていった人だっているわけですから、物事は考えようです。

だから、私たちの考え方の一つは、「心が大事だ」ということを言っているし、そのなかに、「まず、自分自身の心を変えよ」ということを言っています。自分自身の心は百パーセント、コントロールできるけれども、他人《ひと》の心は完全に支配することは難しい。ある程度、立場があったり、お金があったり、名前があれば他人を動かすことは可能かもしれないけれども、それでも百パーセントは動かせるものではありません。自分自身の心は自分自身のものですから、「まず、自分自身を変えようとせよ」ということです。

他人のせい、環境《かんきょう》のせいというのは、まあ、実際それがあることもありますけれども、しかし、それを多く見すぎて、自分の責任のほうを楽にして「社会が悪い」とかそんなことばかりに持っていったら、やはり改善はなされないことが多いのです。

正当な活動をして資金をつくり、よきことのために使う考え方を持て

「まず、自分ができることは何なのか」「自分の考え方を変えることによって道は拓《ひら》けないか」――まず各人、それぞれが、そういうふうに考えていくようになったら、町の零細《れいさい》企業、中小企業たちにも、「赤字から黒字に変えることは善なのだ」「黒字は善で、赤字は悪。黒字だからこそ税金を納めることもできるし、

それが正当な黒字ならば、世の中の役に立って発展しているという証拠《しょうこ》でもあるのだ」ということです。そういう考え方を持つようにしようではありませんか。

七割の企業が赤字だとか言っているけれども、これは黒字であるべきだということです。「経営成功学」でなければいけないのだということです。経営は成功しなければいけない。黒字にならなければいけないのです。

黒字にして税金を納めるようになったら、国の予算も豊かになって、損得のためにできないようなお金を使うことだってできるわけです。堤防《ていぼう》をつくったり、灌漑《かんがい》をしたり、ダムをつくったり、それから電気設備をもう一段よくしたり、あるいは国防のために使うお金が必要です。それは、単なる利益では出ないものです。全体に力を合わせて経済的向上を目指していくなかに、国が豊かになります。「富国強兵《ふこくきょうへい》」という言葉が昔はありましたけれども、そういうことが必要になってくるのだと思うのです。

今、「アブノーマル」であることよりも、「ノーマル」であることが極めて大事だと思います。正当な考え方で経済の成長をやっていく。個人としても正当な活動をして、自分の使える資金もつくって、それをよきことのために使っていくことが大事であるのではないかと思います。そういう考え方を、若干《じゃっかん》厳しいかもしれませんが大事にしたいと思います。

「自助論」の考えは厳しいから、みんなが嫌《いや》がるけれども、それがやはり、産業革命以降、ヨーロッパの国やアメリカが成功した理由ではあるのです。今、その成功が止まろうとしつつあります。

社会福祉《ふくし》的な考えで、「すべては社会悪によって貧困が生まれて、犯罪人が生まれて、経済的にも成功しないんだ」という考えになってきたら、これはお金を撒《ま》くだけの仕事が発生します。そうすると、先ほど言った偽金づくり、偽金撒きみたいな方向に行きかねないことが多いので、人間の魂《たましい》まで曲がっていく傾向《けいこう》があると思います。

どうか、ジョーカーにならずに、バットマンのほうになってください。豊かになっても良心を失わずに、悪と戦う心を失わないでいただきたいと思います。

第2章

「運《うん》・鈍《どん》・根《こん》」の仕事成功学

――人生を長く成功させる秘訣《ひけつ》――

二〇一八年八月二十九日　説法《せっぽう》
東京都・幸福の科学総合本部にて

1　残る人材、消える人材の違《ちが》いを考える

短い期間で成果を出すアメリカ型の経営の弱点とは

今日はちょっと変わった題ですけれども、「『運《うん》・鈍《どん》・根《こん》』の仕事成功学」と題しまして、ちょっとお話をしたいと思います。

私たちの世代は、こういうことは聞いたことはある人が多いのですけれども、今はあまり聞かないので、もしかしたら知らない人も多いのではないかと思いまして、改めて、ちょっと言っておきたいかなと思います。

普通《ふつう》、「仕事というのは、とにかく他人《ひと》より速くできて、切れがよくて、聡《さと》くて、頭の回転が速くて、正確で、目標達成できればいい」みたいな感じの、そう

いうふうな傾向《けいこう》はあるだろうと思うし、若い人のものの見方・考え方は、そんな感じかと思います。

途中《とちゅう》から何かアメリカ型の経営もだいぶ入ってきて、だんだん短い期間で成果を出さないと許してくれなくなってきた時代がありました。私たちの時代にも始まってはいたのですけれども、「四半期」というか三カ月ぐらいで成果を出さないと、もう「無能」の烙印《らくいん》を押《お》されるとか、成果があがらないと、「待って半年」とか、「一年以上置いてくれない」とか、そういうことは多かったのです。

ただ、その考えも弱点はやはりあります。アメリカなどもだいたいそうだし、外資もそうなのですが、一年ぐらいで成果を見て、駄目《だめ》だったらクビになるというジョブホッパーが現れて、「よそのところへ行って、またほかの人が来て」というようなことを繰《く》り返してやっていますし、そういう短期の成果だけで数字で見る考えもありますが、「人を育てる」という観点から見ると、若干《じゃっかん》もったいないかなと、私などはずっと感じている面はありました。もう少し時間をかけてやらせればできるようになるし、教育にかけた労力がパーになってしまうという面はあるわけです。

だから、一年で「駄目」と判定してもいいのだけれども、その「かけた一年」だって惜《お》しいし、ほかの経験も積ませていけばもっとできるようになってくる人はいるのです。

まず、「人を使う側」の人があまり短気すぎて、短い期間での成果だけで判断しすぎてもやはりいけないと思います。

また、「評価される側」かもしれないけれども、部下というかお仕えする側の人間が〝短距離走《たんきょりそう》〟ばかり考えて、「目先、とりあえず成果をあげる」ということばかり考えるというのは、仕事の質として見た場合、どうかというのはありませす。確かに、セールスマンなど、そういう単純なノルマがかかっているような職場だったら、いちおうそれで一律競《きそ》わせて、成果を測っていって、それで順位をつけて、成績をつけて、給料やボーナスに反映するというのは簡単な手ではあるのだけれども、もうちょっと複雑で、「練度《れんど》」といいますか、練れた仕事を必要とするものの場合には、そういう考えだとうまくいかないことがあります。ここを見落としがちであるのではないかと思うのです。

人を育てるに当たりましては、やはりよく練り上げることが大事なのです。「練り上げていく感じ」が大事です。

それから、自分自身についても、「自分自身を練り込《こ》んでいく感じ」が私は大事なのではないかと思うのです。

このへんが、やや、本来、三次元的に考えなければいけないものを二次元的に、直線上の短距離走のように計算している人が多いのかなという感じがします。

私がいた会社では四十歳《さい》ぐらいまでに「判定」が終わっていた

私が勤めた会社の話をよくするので、ちょっと恐縮《きょうしゅく》ではあるのですが、そう長くいたわけではないのだけれども、成果を判定するのがすごく早くて、私ももう、一年目に入ったときに、「上のほうは、長くは待ってくれないよ」みたいなことはよく言われていました。「前は半年ぐらいは見てくれていたんだけど、もう最近は半年も見ないで、『三カ月ぐらいで芽が出なかったらもうアウト』というか、こいつは駄目だって判定するので、きついよ」というようなことは、私のところでももう言われていたことです。

これは欧米《おうべい》型のやり方なのです。外国帰りの人が多いと――だいたい向こうはそうなっていて、三カ月ごとに決算が出たり成果が出ますから――それで、三カ月見て、もうスパーッと外されるというか、そういうことも多いのです。

そういう動き方だけだと、あまりものにならないままにほかのところに回る場合もありますが、結局、浅くて、十分に仕事をつかみ切れていない人は多いと思います。

私も、速度を求められる仕事が多かったので、そうは言っても、その流れのなかでも生きていけるように頑張《がんば》ろうとして、頑張ったのは頑張ったのです。

上のほうの人たちについて、生意気《なまいき》だとは思いましたが、二十代の私から、上の人の使い方まで見ていたのだけれども、四十ぐらいから五十歳《さい》あたりの人の使い方を見ていて、「私の勤めている会社はちょっと難点があるなあ」という感じを私としては思っていました。

まあ、早いのです。すごく判定は早いのです。早いけれども、ちょっともったいないというか、「そんなに、今まで使ってきた人の判定を早くしていいのかなあ」という感じと、下のほうで働いている人間から見ると、やはりベテランにはちょっと頑張っていただきたい感じもあって、それを見ながら勉強もしたいのに、「あら、またいなくなった」みたいな感じでしょうか。

課長クラスぐらいでも課員を十名から二十名ぐらいは持っているのです。新しく転任してきた課長とかでも、上に話して、「今度は三年はやらせてください」とお願いして来ているのですけれども、でも、やはり、一年たたないうちに、「はい、交代」ということになっていました。「やっぱり、また一年かあ」と課長が言っていて、「『三年は置いてくれ』って言ったんだけどなあ。三年ぐらい見てくれないと、自分の力を分かってくれないので。最初はまだそんなにはスッとはできないけど、だんだんにできるようになってくるので、三年ぐらい見てくれれば成果を出せるのに、一年で交代かあ」みたいな感じでした。

これも、わりにサササッと玉突《たまつ》きで動いていくことは多くて、このあたり、ちょっと無念を言っている人の話も聞いていたし、「けっこうドライだなあ」とは思っていました。

ほかの会社との競争も激しいので、若返りをかけようと一生懸命《いっしょうけんめい》していたのは事実だとは思うのです。会社のほうも若返りをかけていっていました。財閥《ざいばつ》系の大手などは、やはり年がもう少し上がって、平均年齢《ねんれい》が上がっていますので、だいたい、役員になるのに、当時でやはり六十歳ぐらいで取締役《とりしまりやく》にやっと上がってくるような感じであり、六十五、六ぐらいがやっと副社長あたりにはなれるぐらいの年齢で、社長年齢を言ったら六十八から七十前後ぐらいからの感じでした。まあ、今はもうちょっと早くなっているのではないかとは思うのですが。

だいたい、ほかのところはそういうところも多かったので、やはり若返りを早くして、それで巻き上げを早くして、成果を早く出させるようにして、競争していたのかなというふうには思うのだけれども、働いている人間から見ると、どうなのでしょう。「判定が早い」というのは、うれしいようでもあるけれども、何か悲しいようでもあります。

だいたい、新しい人が来て、早い人は三十代後半、三十七前後ぐらいから課長職ぐらいにはなるのです。それでラインの課長になることもありますけれども、でも、四十歳ぐらいまでに、だいたい判定は終わってしまうのです。課長にして、「できるか否《いな》か」の判定は四十ぐらいまでに終わっていて、だから、三十七、八ぐらいで課長になったかと思ったら、四十ぐらいではもう子会社に出されてしまうのです。「えっ！」という感じです。

四十を超《こ》えられない。なかなか超えられないで、「部のなかで、いちばんいいところの課長に三十八で入ったかな」と思ったら、四十になったら次は子会社のほうにもう行っているというか、子会社の取締役になって出されているという感じが多いのです。

いちばん上、財務本部長をしている人は、だいたい五十代でなっていました。五十以上はだから事実上、一人しかいない状態でした。

あとは、一部、年下の人にでも仕えられるようなタイプの人もいることはいるので、そういう、髭《ひげ》を切られた猫《ねこ》みたいなタイプの方の場合は、出納部《すいとう》みたいなところで、みんながあまりそんなに好きでない単純な仕事を延々とやって、定年までとりあえず置いてもらえるというところもあります。出納部とか手形管理課みたいな、そういうところは、いい年齢の人たちとか元課長とかが、ヒラになりながら、「お使いさん」みたいなのをやっていたりします。手形とか小切手を持って、ほかの会社へお使いに行って帰ってきたり、あるいは、キャッシュディスペンサー（現金自動支払機）みたいなのがありますから、そこに現金を入れたりしますの。社員が下ろしてくるので、足りなくなった現金を入れたり、あるいは銀行からお金を下ろしてきて入れたり、そんなような仕事をやってはいました。

だから、元課長で下がってヒラをやっているとか、お使いさんをやっているみたいな人までいました。

五十以上だと、役員では本部長一人で、あとは一部、そういう、おとなしくいられる人はいられるけれども、それ以外の方は子会社です。

子会社では一ランクは上がるのです。課長は部長ぐらい、部長は取締役ぐらいと、（本社よりも）ちょっと一ランクは上がるのだけれども、でも、給料は七割ぐらいに下がって働くという感じのが多かったのです。

ただ、子会社に出しても、どうでしょう。子会社になると、もといた本社のほうでは、特に、要するに自分の部下だった人が、たいてい上がっています。課長が外れると下の人が課長で上がったり、部長が外れると課長が部長に上がったりしているのです。

子会社に行っても、仕事上は本社とつながりがあるような子会社になっていますので、役職的には子会社の社長であったり役員だったり部長だったりするのですけれども、「もとの部下のところに行って、頼《たの》みに行かなくてはいけない」ということで、著《いちじる》しく士気が落ちるといいますか、やりにくい感じが出ているなというふうには見えていました。

中央官庁のエリートは三十歳《さい》ぐらいで税務署長などを経験する

私が勤めていた会社は非常に露骨《ろこつ》に勝敗をはっきり出すところではありました。だから、すごいエリートだと思って、「頑張っているなあ」と思っていたような人がけっこう逸《そ》れていって外れていくケースも多々あって、難しいなと思うことはありました。

まあ、それがよかったのかどうかはちょっと分かりませんけれども、若返りをかけたほうが、たぶん、仕事が速くて、成果主義になって、おそらくは給料も、年齢を取ってから上がるよりも安くできるのかもしれません。それで働かせて競争力をつけようという考えではあったのかなというふうには思いました。

だから、上のほうで「部長で座《すわ》っているな」とか「役員で座っているな」とか思うような人が、けっこうスースースースースースー消えていくので、「何か、寂《さみ》しいなあ」という感じは若干あって、「それでは仕事が本当にできるのかな」という感じがありました。

「中央官庁なんかのまねも少ししていたのかな」とは思うのです。中央官庁等を見ても、だいたい、局長とかになっても、一年、長くて二年です。次官とかでもだいたい一年で、「最強の」とか「十年に一人の次官」みたいに言われても二年やれたらいいほうです。

「同期のトップが去ったら、みんな一緒《いっしょ》に一斉《いっせい》にいなくなる」という感じで、玉突き型で役所もやっていましたので、そのまねもちょっとしていたのかもしれません。

だから、エリートの養成としては、「本部の中枢《ちゅうすう》に入れて、そのあと、ちょっと海外に出して、それで一回帰して、あとは国内のほうで地方のほうも一回経験させて」というのは、これは昔の大蔵省《おおくらしょう》（現・財務省）のまねをしていたのだろうと思うのです。

（大蔵省だったら）入って何年目かぐらいで海外留学を一回させて、帰して、あと、三十歳《さい》前後で一回、国内の税務署長とかそういうのをやらすとか、警察庁だったら三十ぐらいで警察署長とかを国内でやらせるのですけれども。

まあ、実際には仕事はできやしない。できないのです。できないのですけれども、上に乗っているだけなのです。とにかく、仕事自体はできないのですが、地方の名士たちと会って話をするみたいな感じの仕事がほとんどです。だいたい、役所もそうですし、大手のところも、そんな考えは多かったかなというふうに思われます。

だから、私たちのころだったら、だいたい、入ってから、比較《ひかく》的早く海外にまず経験で出されるところで、「エリートかどうか」がすぐ分かるのです。そのあと、帰ってきて、国内の地方なども一回行きます。役所がやっている「警察署長」とか「税務署長」みたいな経験ではないけれども、ちょっと、「上の立場で仕事をさせる」みたいなのをやらせて戻《もど》すようなことをするのです。

この両方をやらせたら、トップエリートであることが分かるような、だいたい、そういう仕組みになっています。

東大の労働法教授から聴《き》いた「組合への誘《さそ》いはエリートへの誘い」

あと、もう一つのルートは、「組合」というのがあるわけです。

大学紛争《ふんそう》があった、ああいう全学連が荒《あ》れていたようなときなどは、会社等も組合でずいぶん荒れて、赤旗を振《ふ》られたり、職場を占拠《せんきょ》されたりした時代がありました。

会社のほうも、ちょっとそういうのはまずいということで、どういうふうにするかというと――そういうふうなアンチ型の、不平不満を持っているような人を組合に集めると、延々と戦いをやられるので――組合の専従職員がだいたい何人か、三人とか五人とかいるわけですけれども、そこにエリートを入れるということもあって、組合を経験すると、ほかの人より二年ぐらい、すごく早く出世するみたいなコースがあるのです。

専従は何人ぐらいいたでしょうか。専従ではない、執行《しっこう》役員みたいなのはいろいろなところにまだいることはいるのですが、仕事のほうから抜《ぬ》けて組合に専従で入る委員長等、あるいは書記長だとか、何か幾《いく》つか名前があったと思いますけれども、三人ぐらいが専従かなと思います。まあ、そうすると二年早く出世するのです。

「二年早く出世する」ということは、どういうことかというと、「反会社的なことができない」ということです。そういうことなのです。

私も大学時代に「労働法」の授業は聴《き》いたのですが、たまたま二年聴いたのです。三年のときにも授業を聴いたのだけれども、試験の科目が多かったので（労働法の試験を）受けなかったから、四年のときにも聴いたのです。もし前年と違《ちが》うことを先生が言ったらいけないから、四年のときも、いちおう授業にもう一回出て聴いたら、まったく同じだったのです。二年間まったく同じで、冗談《じょうだん》まで一緒だったので、ちょっと驚《おどろ》きました。去年のものとまったく一緒だったのです。もし違うことを言われたら、試験を受けると不利になるから、「ちょっと、何か新しいことを言うかもしれない」と思って、いちおう出ていたのだけれども、二年聴いても、まったく同じ話をしていました。

「自分の娘《むすめ》が東大にいちおう入ったのだけれども、お腹《なか》が大きくなってしまって、『学生結婚《けっこん》をして出産する』と言った。東大教授の娘が東大で妊娠《にんしん》し、学生結婚をして出産することになったのだけど、いちおう労働法の教授であるということで、やはり労働者を護《まも》らねばならない立場にあるために反対することができず、やむをえず出産に突入《とつにゅう》して、学生のまま結婚も出産もさせました」みたいな話を、三年のときに冗談で言っていたのですが、四年のときもまったく同じときに同じ冗談を入れたので、「ああ、同じノートを何十年も使っているんだな」ということはよく分かりました。まあ、そんなことを聴いたのです。

覚えているのは、「娘が学生結婚をして出産した」ということは覚えていて、その脱線《だっせん》は覚えているのですが、あとは内容をほぼ全部忘れました。二年も聴いたのに全部忘れたのですが、もう一つ覚えているのは次のようなことです。

「君たち、会社へこれからいろいろ入るだろうけれども、もし組合から『組合に来ないか』と声がかかるときがあったら、そのときに断るなよ。君らは『組合』といったら、絶対、左翼《さよく》で駄目だと思うかもしれないけど、それは違うんだ。組合から誘《さそ》われるということは、これ、エリートへの誘いなので、それを断ったら駄目だ。これは労働法を聴いた人だけしか分からない特権だから、よく聴いとけ。組合からこう言ってきたときには行くんだぞ。出世コースということは、そういうことだからな」と言っていました。

確かに若いけれども、経営陣《じん》と社長以下と、いちおうベースアップとか、いろいろ、そういうのを折衝《せっしょう》したりするから、そういう意味で上のほうに顔も知ってもらうこともあるし、話ができる機会があるということもあるのです。

ただ、そうは言っても、専従をしていても、やはり、海外などに駐在員《ちゅうざいいん》で出た場合は、失敗する場合ははっきり出ます。

私の知っている、十年ぐらい先輩《せんぱい》だった人も、組合の書記長か何かをやっていたのだけれども、ロンドン駐在員で行って二年ぐらいでエジプトに転勤になって、エジプトの駐在員に替《か》わったのです。二年で替わるのはちょっと早いのですけれども、エジプト駐在員で行って、それから外為《がいため》に帰ってきたのです。

ほかの課長は、「なんで、彼みたいな書記長をやった人が、エジプトになんか行ったんだろう」みたいなことを言っていたけれども、やはり、何か海外で大穴をあけたらしいのです。

そういう意味で、はっきりと分かる何かのダメージ、ものすごい損をたぶん出したのだと思います。私は、具体的には聞いていないのですが、「君は知らないほうがいいよ」と言われたから、あとは聞かないことにしたのです。「知っていると、しゃべっちゃう可能性があるから、いかなる失敗をしたかはもう聞かないほうがいい」とある先輩に言われたので、もう聞かないことにしたのです。

たぶん、外為系《がいため》だからロンドンで失敗していたら、投資系の失敗だろうとは思います。

それで、エジプトに行って、エジプトで直管鉄《ちょっかんてつ》の製造工場のほうの立ち上げをやってはいましたし、それから帰ってきましたけれども、「あれ？　ちょっと〝ズレた〟かな」という感じを受けたことはあります。まあ、そんなこともあります。

そういうふうに、「組合でも専従をやると、だいたい普通は二年早く出世する」というのと、あとは「ニューヨーク勤務した人も二年早く出世する」「ロンドン勤務した人は一年早く出世する」というふうになっていました。

それ以外は特に変わらないのですけれども、あとは仕事の成果で測られるというふうになっていたのです。

とにかく、上がるときは上がるのだけれども、消えるときは早くて、辞令の発行が多くてよく替わるので、「えらい節操のない会社だな」と思ったのですが。

私もその癖《くせ》が出てしまって、当会でも最初のころは、どんどん人事を替えて替えて替えて替えて、いろいろなところを回したので、似た傾向が出てしまったかなとは思っているのです。最近、ちょっと少なくはなっているとは思いますけれども、それでも、ついこの前まで見ていると、毎月の人事の報告が来たら、百件以上もあったこともありました。全部の人数から考えると、百何十件も人事異動があるというのは多すぎるのですけれども、これに引っ越しを伴《ともな》っていたら、ずいぶん費用がかかりますので、「まだ引っ越し費用をセーブするという考えが入っていないのかな」とは思ったりしたこともありました。

以前の会社では採算が悪くなってくると、例えば、海外が三年だったところを四年にしたり、五年だったところを六年にしたりして、海外からの引っ越しでも、すぐ百万とかそれ以上行きますので、ちょっと長くしたりして、引っ越し費用を全体的に下げるみたいなことまで、そういう計算もしている部署もありました。まあ、そういうことは考えます。同じ場所で（内部の異動で）動くぐらいだったらあまり大したことはありませんけれども。

当会などの場合は、部署が替わったりすると、机とか椅子《いす》とかをすぐ買って、増えたり売ったりばかり、昔はよくやっていて、それで頭を痛めていた方もいましたので、このへんは難しいところですが、組織が成熟するのはそう簡単ではないと思います。

短期成果だけでクビを切るのはもったいない面もある

一般《いっぱん》的な話をいろいろしましたけれども、長く、何十年も幸福の科学でも仕事をやってきて、それを見ていて、やはり、もう一つ知っておかねばならないことがあります。

要するに、「仕事が速く正確で、目標を達成できて、楽々やってのけて、できるところは早く、三カ月以内に認められる」という考え方は外資系の考えでもあったし、「一年ぐらいでもうクビを切られるかもしれない」みたいな考えも外資系的な考えで、そちらのほうが今強いのかもしれないとも思いますけれども、やはり〝損〟がちょっとあるというか、「人をもうちょっといろいろ経験させて、練り上げていけば使えるところが、ある程度まで、六、七割教育したのに捨ててしまう」みたいなところはもったいないということです。

また、せっかく、上司でいて「ああ、これはいい人だな。この人のために働こう」と思っていたら、すぐいなくなったりすると、「あれ？　一年で終わりか」とか、あるいは役員だったら任期が二年なので、二年でいなくなるというようなことがよくありました。「ああ、（あの人は）一生懸命やったのに、二年でいなくなっちゃった」みたいな感じがあると、がっかりしたりしたことも、私も正直言うとあったので、ちょっと、そのやり方が全部通っていたかどうかは知りません。

当会のほうも含《ふく》めてみると、意外に、若いときに切れるというか、「すごい頭が切れるな」とか、質問をさせると鋭《するど》い質問をしてきたりして、「ああ、この人は頭がいいのかな」などと思ったりするようなタイプがいます。大学でゼミなどをやったら、ゼミ生が鋭い質問をしてきて、ちょっと教授が驚くような感じの、そういうことがあったら、「おお、こいつは頭がいいのかな」とか思ったりすることがあると思うのです。そのような方は、昔も、十年、二十年、三十年前もいたのですが、そういうふうに、若いころ、よく切れて、「できるのかな、もっと偉《えら》くなるのかな」と、あるいは「教団を大きくしてくれるのかな」と思っていたような人が、やはり途中で、中途で行き詰《づ》まってくるケースを多々見ました。

そして、「あとがない」というか、局長にもならずにちょっと邪魔《じゃま》にされて、あちこち行っているうちに辞《や》めてしまったりとか、第一線で働けなくなったりしていくケースもいっぱい見てきて、なかなか難しいものだなと感じました。

やはり短距離走、中距離走、長距離走というのはあるみたいで、スタートダッシュがあまりよくなくて顔も名前も覚えていなかったような人がだんだん上がってくるケースも、長くやっているうちにあります。

要するに、顔も名前も覚えていないと、その人を人事異動することも忘れてしまうので、同じところに長くいるうちに、何だか〝熟練工〟になってしまって、抜けなくなってしまうような人もいるわけです。「その人を抜くと、もう回らなくなる」みたいなことがあって、いつの間にか上がってきて、そこのポストで上まで上がってくると、それは認識するようになるので、「ああ、この人、そんな大事になっているんだ」というようなことになります。そういう意味で、ほかのところにも移すこともあるのだけれども、だんだん幹部として使われる場合もあります。

そういうこともあって、予想がつかない逆転というようなことはあります。

だから、ずっと先に行っていた人のほうがそれからあと上がらなくて、下のほうでなかなか認められていないと思った人が、十年、二十年すると上のほうに来ているというようなこともけっこうありました。仕事というのはなかなか難しいものだなということをつくづく感じました。

2　仕事で大を成すために必要な「運《うん》・鈍《どん》・根《こん》」の考え方

①「運」――成功を自分の実力と思わず、「神仏や周りの引き立て」と思う

・成功したときに「頑張《がんば》ったから当然だ」と思うタイプは危ない

それで思い出すことは、昔聞いた「運《うん》・鈍《どん》・根《こん》」ということです。こういう流《は》行《や》った言葉があるのです。

仕事をやっていて、みんなが「早く成功したい」「短距離《たんきょり》で成功して、認められたい」と思うけれども――外資などだったら稼《かせ》ぐだけ稼いで辞《や》めれば、辞めてほかのところにポンとまた行けば、それで済むのかもしれませんけれども――日

本的企業《きぎょう》とか、宗教とかだったら、なかなかそんなふうに、外資みたいに「一年稼いだら、あとはポンとほかのところに渡《わた》っていったらいいし、海外に行ってもいいし」などというような感じにはいかないところも多いだろうとは思うのです。

仕事の評価について自分で認識するときに、「運・鈍・根」は、若い人は言われても分からないことが多いのだけれども、これを知っておいてほしいのです。

「運」というのはどういうものでしょうか。

自分が成功したときに、自分が頑張《がんば》ったのは頑張ったのだろうけれども、「自分が頑張ったから、これだけの実績があがって、会社にも利益があがって、すごいことになったんだ。だから、自分は人より早く主任になった、チーフになった、当然だ」というような感じで、自分も思うし、周りもそう思っていて、そういうふうな感じで言っているようなタイプの方もいらっしゃると思うのです。

でも、やはり、そういうタイプは危ない。「経験的に見て、危ない」というふうに思います。

成功したときには、やはり、実力だけでなった場合ではないことが多いのです。ほかの人の力が加わって成功できた場合と、「たまたま上司が相性《あいしょう》がよくて、いい仕事を割り振《ふ》ってもらって、認めてもらって、成果があがって、上げてもらった」とか、あるいは「たまたま、誰《だれ》か知っている人の引きがあって、見つけてくれて、『すごいじゃないか』ということで引き上げてくれた」とか、いろいろあることもあって、自分自身は気がつかないことがわりに多いのです。

「実力でやっている」と思っているけれども、本当はそんなことはなくて、人事とかで上がっていくためには、必ずほかの人の目があるのです。ほかの人の目があって、どこかで、自分が知らないところでほめてくれていたり、引いてくれていたり、あるいは下から押《お》し上げてくれていたりする人があって、上がることがあるのです。

だから、「早く出世した」と思ったら――本当に慢心《まんしん》の戒《いまし》めはよく言っていることではあるけれども――「慢心するな」と言っても普通《ふつう》はするのです。やはりしてしまいます。

一カ所で「早く成功した」と思っても、上司から「いや……」ということで場所を移されてみたら、今度は同じようには、次のところではできないことは多いのです。

一カ所でやって仕事ができた場合、違《ちが》うところに移されたら、今度は経験値がゼロになりますから、すぐ元のレベルまで戻《もど》すのはそんなに簡単ではなくなる。ここで、自分の葛藤《かっとう》がたいていの場合起きる。起きるのです。「こんなはずはない。自分はもっとできたはずだ」というようなことで葛藤が起きる。

それで、不全感があって、周りにも不平不満を言ったりしていると、「ああ、こいつ、どうも合わないみたいだ」ということで、また、ほかのところ、次のところに移される。そこでもまた似たことが起きていって、だんだんサイクルが短くなっていったりすることがあって、だんだん、そのうち「使えない」「こいつは使えないやつだ」というような判定がついてくることがあるのです。

・「自分の努力は十パーセント、九十パーセントは運」
　と言った松下幸之助《まつしたこうのすけ》

だから、気をつけなければいけないのはここで、まず最初に、思いのほか出世したり、思いのほかいい人事の動きがあったり、給料が上がったりしても、やはり「ほとんどは運ですな」という松下幸之助《まつしたこうのすけ》さん的な考えを持つことです。「九十パーセントは運ですな」とよく言っていましたけれども、いやあ、そう言えるのも実力のうちなのです。「自分が社長になれた、あるいは大会社がつくれた、これは運です。九十パーセントは運です」と言っていました。

前にも一度言ったことがあるのだけれども、東大の「駒場祭《こまばさい》」で、教養学部に幸之助さんが一度来られたことがあったと思います。そのときに、話をしていて、東大生が質問して、「どうして、あなたみたいな小学校四年で中退か何かぐらいの人が、こんな大きな会社をつくれて、世界的な規模まで行ったんですか」という質問をしたのです。そうしたら、「そらあ、運ですわ。もう、九十パーセントは運です」と、壇上《だんじょう》から答えていたのです。

東大生の反応は、「へぇえ！　運かよ」というような、「はあ、そりゃあねえだろう」というような感じでした。もうちょっとテクニカルに出世できる方法を、何かちゃんと言ってくれるのかと思って、「何かやっぱりコツがあるんじゃないのか。何か、人が知らないようなノウハウがあるんじゃないか。起業して成功させて、大きくするコツが何かあるんじゃないか」ということを聞きたくて質問しているのに、「運ですな」と幸之助さんは答えたのです。

「九十パーセントが運です」と言った。「自分が社長になれたのも、会社が大きくなったのも、それから『経営の神様』なんて言われるようになったのも、運です」「私の努力は十パーセントあればいいほうで、あと九十パーセントは運です」と言った。

私はそれを聴《き》いていて、ほかの人のようには思わなくて、「いや、『運です』と言える人のほうが、実力があるんじゃないかな」と、かえってそう思いました。「いや、ほとんど私の実力で、努力です」と言ったらどう思うかということです。

・自分の成功を「運ですね」と言った松下幸之助《まつしたこうのすけ》は「自力・独行《どっこう》の人」だった

商売などは、やはり取引先があって成り立っているし、それから、一緒《いっしょ》に手伝ってくれる仲間がいて成り立っています。「仲間のために頑張ろう」と思っててって、それで親分になれるというか、みんなに押し上げられて兄貴分になって偉《えら》くなっていくものです。幸之助さんは熱意があってやった方だと思うから、自分でやっている、自力でやっているのだと思うのです。

例えば、ＧＨＱに財閥《ざいばつ》指定されたときに、「松下《まつした》は財閥じゃありません」と言っています。財閥指定されて、解体指令がＧＨＱから出たけれども、どう考えても財閥ではない。自分一代でつくった、中小企業から叩《たた》き上げでつくった会社です。

戦争期の末期に、「もう工場がないから、松下ででも何か木製の船をつくれ」とか、〝プロペラ機のダミー〟みたいなものをつくらせたりして、工場に並べているふりみたいなことで、本当は飛行機ではないのだけれども、上から見たら分からない。ペンキを塗《ぬ》っておいたら分からないので、木でつくったものをつくらせたり、船をつくったりしていました。

それがちょっと「軍需産業《ぐんじゅ》に見える」ということで、三菱《みつびし》とかそんなものと同じような扱《あつか》いを受けた。そのことが幸之助《こうのすけ》さんは納得《なっとく》できないということで、関西、大阪《おおさか》のほうから、東京のＧＨＱの本部までもう何回も何回も通い続けて、「自分は財閥じゃない」と訴《うった》え続けた。それで、とうとう財閥指定を解消させた。ものすごい熱意があってやった方です。そういう、自分で一生懸命《いっしょうけんめい》やった人ですけれども、その人が「運だ」と言っているのです。

だから、運だったら――それは「ＧＨＱが財閥指定を最初からしなかった」とか「一回で外してくれた」とかいうことだったら運でしょうけれども、もう毎週のように出張してきたのは、昔の鈍行列車でしょう。夜行で来て、ＧＨＱに交渉《こうしょう》して、「財閥じゃありまへん！」と繰《く》り返し繰り返し言ったというようなこともありました。

それから、商品を持って東京に売りに来るときも、東京の販売店《はんばい》がないから、一生懸命、「置いて、とりあえず一カ月使ってみてください」みたいな感じで回っていって、営業していったのです。

それで、断られて断られてするのですが、断られて「やっぱり駄目《だめ》かなあ」と思うけれども、「自分のところの従業員が汗水垂《あせみずた》らして一生懸命やってつくった物だから、ここで引き下がったら、やはり、『大将、売れんかったんですか』と言われて、みんながっかりする。だから、もう一粘《ひとねば》り、もう一粘り」と思って、もう、繰り返し繰り返しお願いして、「とりあえず使うだけでも使ってください」みたいな感じでやった。

例えば、自転車に付けるランプがありますが、あれを、「ほかのところよりも長くもつランプをつくった。自分も乗ってどのくらいもつかを試《ため》したりもしたけれども、もうとにかく、タダでいいから使ってみてくれ。置かせてくれ」と言った。

こういうようなことでやって、初めてのところには、そうでもないと置いてくれないから、「とにかく使ってみてくれ。タダでいいから、ほかとの違いを見てくれ。ほかのところのはもっと早く電気が点《つ》かなくなるけれども、自分のところのはもっと長くもつから、使ってみてくれ」みたいなことを一生懸命やっていました。

だから、本当は汗を流していて、「自力・独行《どっこう》の人」ではあると思うのです。

これが本当だと思います。

けれども、その人が「運ですな」と言った。これはもう、「成功した証《あかし》」とか言いようがないのです。だから、東大生たちの「ノウハウを何とか軽く聞き出そうと思った」という思いの正反対で、「運ですな」とおっしゃったわけです。

でも、「これが本当はコツだった」ということまで気がつかないということは、「甘《あま》いなあ」ということはやはり思いました。「『運ですね』って、こんな古くさい因縁話《いんねんばなし》みたいで、何か……」という、ほかの人の反応は「そんなものか」というような感じでした。

・「成功する人はやはり違《ちが》う」と思った、ヒット歌手の言葉

同じころに、歌手で――もう、ちょっと古くなったから知らない人もいるかもしれないけれども――太田裕美《おおたひろみ》さんという歌手がいました。知っているでしょうか。私とそのころ同じぐらいの年齢《ねんれい》だったと思うから、私の年代前後の人は知っていると思うのですが。彼女も駒場に呼んでいて、ピアノを弾《ひ》きながら歌っていました。

いろいろな話、トークをしながらピアノを弾いてやっていたのですけれども、オー・ヘンリーの「最後の一葉《ひとは》」という詩を歌にしたものを太田裕美さんが歌ったのです。そして、「今日の夜、ラジオの生番組もありますので、みなさん、で

きたら聴いてくださいね」みたいなことも言っていましたけれども、「オー・ヘンリーの『最後の一葉』について歌います」みたいなことを言ったら、「オー・ヘンリー」と言った段階ですぐ野次《やじ》が飛んで、「おまえなんかに分かるのかよお」みたいな野次がバーッと飛んだのです。まあ、インテリの性《さが》でしょう。だから、「歌手風情《ふぜい》が、そんなもう、オー・ヘンリーなんか分かってるのかねえ」というような感じです。「おまえなんかに分かるのかよ」というような感じの野次が飛んでいました。

それで、その夜のラジオ番組を私も聴いてみたのだけれども、そうしたら、太田裕美さんが質問で「今日、東大の学園祭に行ったんですよね。文化祭に行ったのは、どうでしたか?」と訊《き》かれたら、「ええ。東大生はもう本当に立派な人ばっかりで、本当、何にも野次も飛びませんで、とってもやりやすかったです」と言ったので、「うわあ、プロだなあ」とやはり思いました。

東大生は、これは本当に負けているのです。東大生の野次は、平気で普通に言うようにやはり言っているのです。

けれども、プロのほうはそうではないのです。野次を飛ばされていたのを私はちゃんと聞いているのですが、「野次なんか全然なくて、本当にやりやすくて、みんなよく聴いてくださいました」と言っているので、「プロだなあ！」と思いました。

その反応を東大生で聴いているのがどれだけいたか知らないけれども、その受け答えを聴いたら、好感を持つ人が多いのはもう絶対間違いないでしょう。さすがプロです。それでいて、東大のイメージも保たれます。聴いたら、「東大生ってやっぱりそうなのかなあ。みんな、賢《かしこ》い人で、礼儀《れいぎ》正しいのかな」と思うではないですか。だから、東大生であっても学長が聴いたとしても気分は悪くはないし、「また呼んでやろうか」という気にもなるでしょう。太田裕美さんは、自分が我慢しているだけですけれども、そういうふうな言い方をしていました。

幸之助さんと同じようなころだったと思うけれども、そういうものを聴いたことがあります。その当時、太田裕美という人もヒットしていたけれども、「いやあ、成功する人ってやっぱり違うなあ」という感じのことは思いました。

他人《ひと》を責めないで、感謝する気持ちがあって、「自分の努力なんかはそんなのは当たり前のことで、大したことではない」というぐらい抑《おさ》えられるところがある。これはやはり強く感じました。そういう簡単な例から言ってもそうですし、ほかのところでもあるのですけれども、そういうことを感じました。

だから、「自分は能力があるから、こうなったんだ」「自分は頭がいいから、こうなったんだ」「慶應《けいおう》だから、こうだ」「早稲田《わせだ》だから、こうだ」「東大だから、こうだ」「外大だから、こうだ」とか、そんなのもあるし、「○○の資格を持っているから偉くなれた」とか、いろいろあると思うけれども、それでは駄目なのです。そういうようなことは、みんな分かっていることだし、初対面で知らなくても、だんだん分かってくることなので、あまり言う必要はないのです。ほかの人が言ってくれるので、自分は自分で自慢などする必要など全然ないし、自分の成功の秘訣《ひけつ》をひけらかすことも必要はまったくないのです。だんだん分かってくることなのです。

このへんはやはり、「できたら、自分の努力で成功したい」と思っているかもしれないけれども、「やっぱり運も働いたかな」と思うことです。「運」というのは、大きく言えば「神様・仏様の力もあれば、周りの人たちの引き立てもあった」という意味ですから、そういうふうに思っている人のほうがやはりファンは増えるし、周りからも敵は少なくなってくるということは知っておいたほうがいいと思います。

②「鈍《どん》」――繊細《せんさい》・過敏《かびん》になりすぎず、清濁併《せいだくあわ》せ呑《の》む胆力《たんりょく》が要《い》る

・物事に敏感で頭の回転が速くても「大将の器《うつわ》」にはなれないのはなぜか

それから、「鈍《どん》」ということ、これは「鈍感」とか「鈍重」とかいうことですけれども、これが出世の条件になるというのは、私も若いころはどうしても分からなかったのです。

なぜ、鈍な人が出世するのでしょうか。

鈍な人は、先ほど言った外資系風のところで見れば、成果が出るのは遅《おそ》いから、窓際《まどぎわ》になりやすいし、すぐクビになるような気がするのですけれども、やはり長くやってくると、意外にこの「鈍」の意味が分かってきたということがありました。

頭のいい人や、あるいは芸術的感覚とかを持っているような人等もそうでしょうし、あるいは専門職の意識がすごく強い人もやはり同じだと思うのですが、「繊細《せんさい》すぎる」「敏感《びんかん》すぎる」、それから「他人《ひと》の反応に対して過敏すぎる」というのは、やはりあるのです。

これはいいことのようにも見えるのです。まあ、いいことに働く場合もあるのです。そういう、繊細で、過敏で、すぐリアクションがあったり、反応が速いというのは、よくも見えることもあるのだけれども、実は、大きな目で見たらマイナスになることが非常に大きいということを、長年やってきたら分かってくるようになりました。

まあ、ＮＨＫのドラマのほうは知らないけれども、西郷どんみたいな人がなぜ偉くなったかといったら、やはりこの「鈍」のところがかなりあります。運もあるけれども、鈍もかなりあったと思うのです。

やはり、大将の器《うつわ》というのは、小さな波風で、木《こ》の葉舟《はぶね》みたいに揺《ゆ》れてはいけないことがあるのです。

それから、他人から批判されたり悪口を言われたりしても、やはり、そう簡単に撃沈《げきちん》したり、あるいはカッときて喧嘩《けんか》になるようなことはなるべく避《さ》けないと、「大人ではない」「大人気《おとなげ》がない」という見方をされることがあって、「あいつはちょっと、すぐ瞬間湯沸器《しゅんかんゆわかしき》みたいにカッとくるから、気をつけたほうがいいよ」と言われ始めると、だいたい危ない。もう危なくなります。

この「瞬間湯沸器みたいになるよ」と言われるのと、「人望がない」というのとは、わりに近いところにあるのです。

すぐカッとくる、何か欠点を指摘《してき》されたり、仕事のミスを指摘されたりしたら、カッときて怒《おこ》る人、あるいは、すぐに言い訳をしないとおれない人、「いや、それはそういうわけじゃなくて、これはこういう理由でこうなったんです」みたいな感じの言い訳を必ずしないと自分が護《まも》れない、セルフ・プロテクションができない人、こういう人は一見、敏感ですごく頭の回転も速い。

だから、失敗を隠《かく》すのがうまい人はいっぱいいます。それは、高学歴の人には多いし、役所にも多いし、銀行などにもとても多いのです。

まだ在職しているかもしれませんが、某《ぼう》銀行から当会へ来て、海外経験もなされた方を、あるセクションに入れたことがあります。ところが、その人に、「なんで、この事業は駄目だったのか」と訊いたら、駄目な理由をたちどころに七つ挙げました。

まあ、ご立派で、頭の回転はすごく速い。「なぜできないか」という理由をバババババッと七つ挙げた。さすが一流銀行で働いていただけのことはあって、頭の回転はすごく速い。できなかったことを合理化するのに、一瞬にしてあっという間にサッと合理化して、「だから、できなかったんだ」「しかたない。だから、自分の責任じゃない」ということなのです。

いやあ、それは分かるのだけれども、「だから、できなかったんだ」というのは、結局、何もしなかったのと一緒は一緒ですから、「『これをこうしたら、できたかもしれない』っていうところは考えつかないのか」と言うと、やはり、そういうことよりは、「いかにできなくて、自分の責任じゃなくて、それはできなくなって、自分には責任がないか」ということを、まずサッと固めるのです。

銀行でもそういうのは多いのだろうとは思うのです。銀行もたぶん役所と一緒で減点主義で、失敗すると減点がついていくタイプなのだろうとは思うのだけれども、「うわあ、すごい速いな。この『できない理由』を挙げる速さで、もし、『できる理由』を考えてくれたら、もっともっと行くのにな」と思いました。この、できる理由――「どうしたらできる」というのを考えるのは、私のほうが考えなくてはいけなくて、「できない」ということを言うのは、そちらの部下のほうが「できない理由」を一生懸命に言ってくるのです。

だいたいそういうものかもしれません。怒られたくないからです。怒られるから、怒られないためには「できない理由」を言えばいいのです。もう最後を言えば、「地球が自転していること」だって理由に入るかもしれないし、「台風が来た」「大雨が降った」「洪水《こうずい》になった」、それから「同業他社がどうなった」「首相が何を言った」ということまで全部理由にはなると思います。まあ、はっきり言えばそうなります。

けれども、そんなことをしても駄目であり、そんなことに敏感で頭の回転が速い人も、やはり駄目です。

・言い訳をしたり、他人《ひと》に腹を立てたりするタイプの人は仕事で成功しない

それから、他人《ひと》の仕事に対してケチをつけるのだけれども、それも、あまりカラスがつつくみたいに欠点をつついたり、指摘したりし続けるタイプの人、すぐ「駄目だ！」と駄目出しばかりするタイプの人も、これも駄目です。どうも駄目で、大成しない傾向《けいこう》が多いのです。

自分に才能があるとか思っている人ほど「ノー」が多い。「ノー」が多いのです。『「ＮＯ」と言える日本』ではないけれども、ノーばかり言う。それで、「自分のやり方以外は気に食わない」ということになることが多いのですけれども、これは出世しないタイプなのです。

だから、やはりもうちょっと「受け止める力」とか、あるいは自分の失敗でも

それを甘んじて受ける「認める力」もあればよいと思います。

また、他人の失敗に対しても、「ああ、ここのところはこれで失敗したのか。だけど、ここのところの考え方はできていたね。ここをもうちょっと気をつけたら、これは仕上がったね」というような感じのところを、ちゃんと分析的《ぶんせき》に理解してやれるだけの力があればいいと思います。

あるいは、「自分がアドバイスしてやれば、こうならなかったかもしれないな」というようなことを見ることもできると思うのです。

あまり他人に厳しすぎる人の場合は基本的に、長所を見るタイプの人ではなかろうし、楽天主義者でもなかろうとは思うのだけれども、人の上に立つ人は、本当は繊細に細《こま》かいことはいろいろ見えてはいたとしても、ある程度、清濁併《せいだくあわ》せ呑《の》んで腹のなかに納める力は要《い》るのです。

だから、過敏に自分の責任にならないようにするための言い訳をしたり、過敏に他人に対して悪い反応をして、できていないということについて腹を立てて、カリカリカリカリいつも言っているようなタイプの人は、やはり残念ながら仕事で成功していくようには思えないのです。

・「頼《たよ》りになる上司」と「陰口《かげぐち》を言われる上司」とを分けるものとは

この「鈍」の力は、年が上がれば上がるほど効いてくることはあります。だから、まだ今は分からなくても結構ですけれども、知っておいてください。

若いうちは、「頭の回転が速い」ということはとても魅力《みりょく》的だし、認められやすいのです。しかし、「途中《とちゅう》」から駄目になることが多いのです。

その「途中」の一つは、だいたい三十歳《さい》ぐらいが一つの、最初の仕切りだと思いますけれども、三十歳ぐらいになったら、自分の頭の回転の速さだけで仕事をしては駄目なのです。そして、「人の粗探《あらさが》しをするところで頭のよさを見せる」

みたいなのも、これも駄目になります。ちょうど、人を育てなければいけない、部下を持つ身分になってくるので、そういうのでは駄目になってくるのです。

それと、四十歳以降の、本当の管理職的な年齢になってくると、「受け止める力」はもっと大きくならなければいけません。

部下が受け止め切れないようなものを、部下が困難に陥《おちい》っているときには乗り出してきて、解決してくれる上司――これは「頼《たよ》りにされる上司」なのです。

それから、部下が失敗しても、自分でその部分をカバーしてくれたり、受け止めてくれる上司は、「頼りになる上司」なのです。

例えば、もっと上の人から怒られることもあるけれども、「いや、彼ではなくて、これについては、私のほうが十分なアドバイスをしなかったところに責任があります」とか言える上司は偉いし、あるいは、部下が失敗しても、「いやあ、大丈夫《だいじょうぶ》だ。俺《おれ》のボーナスが減るだけだから気にしないでいい」とか言ってのけられる上司というのは、これは立派な上司であり、部下がついてくる人でしょう。

こういうときに、自分のほうは責任を取らないで、下のほうに押しつけていくような感じにすると、だいたい嫌《いや》がられます。陰口《かげぐち》を言われたり、〝赤提灯《あかちょうちん》〟で悪口を言われるケースになります。

・「鈍感力《どんかんりょく》」とは「耐《た》える力」でもあり、上に立つ人には「胆力《たんりょく》」が求められる

この「鈍《どん》」の「鈍感力」というのは、あとになるほど意味が分かってくるものです。今は分からないかもしれないけれども、「耐《た》える力」でもあるのです。

社会的に偉くなったり有名になったりすると――まあ、そこまで行かない人のほうが多いのだけれども――マスコミなどで批判を書かれたりするようなことも多くなります。週刊誌あたりから出始めたり、それからワイドショーに出たり、

大手新聞で報道されたり、テレビの報道番組で言われるようなこともあります。

会社が大きくなれば、いろいろと失敗は出る。それから、人身事故が出たり、思わぬ欠陥《けっかん》商品が出たりする。大きくなってきたら、やはり情け容赦《ようしゃ》なく攻撃《こうげき》はされていきます。

「こういうときに、もつか、もたないか」というのは、やはり「胆力《たんりょく》」の問題になってくるので、言い訳だけで済まないところがあるのです。

だから、大会社みたいなところになったりしますと、社長などはほとんどもう、クビを取られるためだけに座《すわ》っているようなところがあるのです。

実際上、全部の製品とか商品について責任を持てるわけがない。分かるわけがないのです。「どういうふうにつくっているか」とか「どこでミスがあったか」とか分かるはずはないけれども、とにかく、それで、例えば「死んだ人が出た」とか「病気の人が出た」とか「事故が起きた」とかいうようなことがあったら、ニュースにされることがあります。

そのときに記者会見などに出なければいけなくなることもあります。そして、頭を下げます。そのときに、やはり「黙《だま》って辞める」というのがトップの仕事ではあるわけです。

それで、部下としては、そのトップが黙って頭を下げて辞めなくていいように、普段から気をつけて、一生懸命、仕事をしなければいけないように引き締《し》まるわけです。「社長のクビが飛んだ」「会長のクビが飛んだ」とかいうと、下のほうは、そういうことを起こさないようにしようとして、ギュッと引き締まる。その効果のために、上にいるわけです。

個々の原因まで調べられないことはあるけれども、「社内の管理体制に問題が何かあった」か「考え方に問題があった」かであろうということは、だいたい、それはそうであろうから、それで、あらぬこともいっぱい言われることもありますけれども、やはりこのへんが厳しいところです。

任侠肌《にんきょうはだ》でやっていて、「社員は悪くありません。悪いのは私たちです」みたいなことを言った社長もいました。あれは山一證券《やまいちしょうけん》だったか、九〇年代に潰《つぶ》れたところあたりで、泣きながら社長が会見しているのもありましたけれども、それも〝バッテン〟でした。「社員は悪くないんです。私たちが……」と言って、泣きながら会見したけれども、トップが泣きながら会見するのも、これも〝バッテン〟であり、評判がまた下がりました。

やはり、「男は、黙ってクビを切られる」ということなのです。切腹《せっぷく》して、パシッ、フンッとする（首筋に手刀を当て、首が落ちるしぐさをする）。これが男の使命であり、「グジャグジャ言うな」ということです。「『社員は悪くないんです、私たちが悪かったんです』みたいなことを言って、それで許されると思っているのか」というぐらい、やはりマスコミは厳しいのです。だから、評判はそれでも逆に下がりました。

まあ、そんなものなのです。この「鈍」のところは、もうちょっと勉強してください。

その社長が泣いていても言われたけれども、美智子《みちこ》さまもやはりこれと同じようなことを言っていました。

障害者の発表会に行かれたときに、雅子《まさこ》さまが同調してちょっと涙《なみだ》ぐんだのを、美智子さまが注意されたという話をしたことがあると思います。美智子さまは、「駄目です。泣いては駄目なのです。私たちは、公平に国民に接しなければいけないので、それがいいものであろうと悪いものであろうと、いろいろあろうけれども、個人的には感動したりすることもあろうけれども、どこでも同じような態度を持っていなければいけない。障害者がやっているからボロボロ涙を流したということは、障害者ではない人たちが演奏などをやって泣かなかったときに、これを説明できるのですか。だから、泣いてはいけない、同じでなければいけないのです」というようなことを言われたと聞いたことがありますが、「うわあ、上に立つというのは、けっこう難しいことだな」と、本当につくづく思いました。そういうことがあります。

③「根《こん》」――情熱を持ち、根気よく粘《ねば》って努力し続ける

・才能に酔《よ》うのではなく「かいた汗《あせ》で戦う」という姿勢を持て

これが「運」「鈍」ですけれども、あとは「根《こん》」のところです。「根性《こんじょう》」とか「根気」とか、こういうものになると思うのですが、これも成功の大きな要因でして、根気のない人は駄目なのです。そういう人は基本的に駄目であり、「いい仕事をしよう」と思ったり、あるいは「一流になろう」と思った

ら、やはり粘《ねば》らなければ絶対に無理なのです。偶然《ぐうぜん》、うまいことパッとできたりは、めったにするものではないのです。それは、たまにパチンコが当たるような感じで、あるいは宝くじが当たるように仕事が成功するというようなものではないし、そんなことを求めてもいけないものなのです。

やはり、延々と努力し続けて、根気よくやり続けて、「成功すべくして成功する」「これだけやったら成功するだろう」というぐらいまでやらなければいけません。

エジソンで言えば、白熱電球の〝芯《しん》〟を探し当てるのに、千回以上、失敗したといわれています。京都の竹までフィラメントで使ったといわれていますけれども、「どの素材を使えば、電球がどのくらいもつか」ということです。これをずっとやっていたといわれていますけれども、「私は、失敗したのではない」と言うのです。千回に一つしか成功しなかったとしても、「千回失敗した」のではなくて、九百九十九回失敗しても「それは、九百九十九通り、『これをやっても駄目だ。これは成功の道ではない』ということを発見したのだ。そこを確認したということは、それは実績であり、次の一手を探し続けるのは仕事だ」と、こういうふうに考えるわけです。

だから、成功すべくして成功しなければいけない。成功すべくして成功するには、やはり根性、根気が要る。もっと言えば、それはもちろん、情熱に裏付けられていなければいけない。

情熱を持って、根気よく根気よくやり続ければ、やはり、少しずつ少しずつ間違いと失敗のほうが減ってきて、成功の率が高くなってきます。

だから、そのへんのことを甘く見たら駄目です。

才能に酔《よ》うタイプの方というのは、「自分は天才肌だから、スッといきなりでもできる。いきなりパッとできるんだ」とか言う方もいるし、確かに即興《そっきょう》でピアノを弾けるような人もいます。

映画によれば、「モーツァルトは、サリエリのまねをしたり、曲を裏返しの体勢で弾いた。逆《さか》さまにピアノを弾けた」という話ですけれども、余計、憎《にく》まれたようではあります。

逆さまでピアノを弾ける人がそんなにいるとは思えませんけれども、才能に酔ってはいけないと思います。だから、才能によらずして、やはり「かいた汗《あせ》で戦う」という姿勢は持っておいたほうがいいと思います。

・一流といわれるところまで到達《とうたつ》するには狭《せま》い範囲《はんい》でも十年はかかる

どの道でも、一流といわれるところまで到達《とうたつ》するには、狭《せま》い範囲《はんい》でも、やはり十年の歳月は普通はかかると思います。そのくらいもやらないで、「ちょっとやって、すぐできた」みたいなことがあって、そんなので慢心したら、もう駄目なのです。

例えば、「英語ができる」といっても、「中学校のスピーチ大会で優勝した」とか「高校のスピーチ大会で優勝した」とかいうと、それは才能はあると思います。語学に対する才能はあるし、頑張ったのだろうと思うけれども、それでもう出来上がって、「自分は天才」みたいに思ったら、甘いのです。

実社会でいけば、「スピーチ大会で原稿《げんこう》を書いて、何回も練習して覚えて、それで人前で一回もつっかからずにしゃべれました」みたいな、こんなのでは通らないのです。実社会では、そんなもの、原稿がなくて戦わなければいけないことがいっぱいあるので、その実力が全部通るわけではないのです。

それは、慢心したら、そこでもう終わりなのです。

才能があることは分かるけれども、そこで慢心しないことが大事です。やはり「根性」「根気」が必要で、その姿勢で十年貫《つらぬ》いたら、それは本物になります。一流まで行けます。これはどのジャンルでもそうです。

小説だって、一作書いて当たっただけで、これでもうプロになれるかと思ったら、そんな甘いものではありませんので、やはり、ずっとやり続けなくてはいけないのです。

私の伯母《おば》も小説家でした。一流とまでは行かなかったのですけれども、徳島県人作家で最後は終わりました。東京にも出てきたことがあります。二年連続で直《なお》木《き》賞候補にはなって、（受賞を知らせる）電話がかかってくるのを待っていたけれども、残念ながら、かかってこなかったようでした。

徳島県では直木賞候補に二回なったのは一人しかいないので、いちおう格はあって、徳島新聞とかに連載《れんさい》はしていたので、いまだに徳島新聞の人とかがいろいろ言ってくれたりすることもあるのです。

十年ぐらいは、私の家の「離《はな》れ」で小説を書く、要するに居候《いそうろう》でした。私の父が伯母の弟ですけれども、伯母は「弟のところに夕方になったらご飯《はん》を食べに来る」というので、母はちょっと嫌がってはいました。居候で、小説だけ書いているのです。収入はないから、「離れ」で居候をしていて、書いていました。

それで、やっと雑誌に載《の》ったりするようになってから、呼ばれて東京に行ったりしてやっていました。

若いころは、小説家のところに住み込《こ》みで、お手伝い兼《けん》助手みたいなのをやっていましたけれども、やはり、「続けるということは大変なことなんだなあ」と、つくづく思いました。原稿を書き続けるというのは大変なことで、なかなか書けるものではないのです。

だから、自分に才能とか財力もなければ、能力も十分にないと思ったら、もうちょっと絞《しぼ》り込んでいかなくてはなりません。

伯母は中央のほうでは、要求するようなものを書けないので――もうちょっと商業主義的なものを要求されるのですが、そういうエンタメ系の大衆娯楽《ごらく》みたいなものがあまり自分としては書けないので――地方にいて地方作家で生きることにしました。そして、調べものをして、例えば、徳島の藍染《あいぞめ》みたいなのを、一軒《けん》一軒、農家とかいろいろなところを回って調べて、どういう歴史でできていったのかみたいなのを調べて書いたりとか、そんなことを地味な作風でやってはいました。自分のやれる範囲内で書いてはおりましたけれども、けっこう根気の要る仕事だなあと思いました。

そういうものもあれば、連載を何本も持ってやっているような方もいらっしゃると思いますが、いずれもやはり、それは種が尽《つ》きてくるのは一緒なので、大変なことです。続けていくということは、すごく大変なことです。それぞれの努力、「隠された努力」と「努力の継続《けいぞく》」と、それから「仕事の仕組みのつくり方」「生活態度のつくり方」、いろいろな工夫《くふう》が積み重なって、その仕事ができるように、たぶんなっているはずです。

この、〝水かき〟でかいている水面下の努力は、ほかの人には見えない。見えないので、だから見落としてしまうことがあります。それで、ともすれば才能があってできたように見せたい。歌だって一発でうまく見せたいし、演奏でもそう見せたいし、小説でも才能があって書けたように見せたい。でも、一作で終わる人、二作で終わる人は、とても多いのです。

それはやはり、「書き続けるためには文化資本が一定以上必要だ」ということと、「その文化資本を消化しながら結実していく能力が要る」ということ。それから、「それを毎日毎日、延々と続けていかなければいけないのだ」ということを知っていなければいけないのですが、このへんを知らない人がいるのです。

短時間でパッとできたら、すごい才能があって天才みたいに見えるかもしれないけれども、実際、そんなものに頼っては、絶対、絶対、駄目なのです。本当に、

（自分は天才だと）信じない――。自分が天才だなんて思ったら絶対駄目、絶対駄目です。もう、それで終わりです。それで終わりですから――。

・長寿時代《ちょうじゅ》、「運《うん》・鈍《どん》・根《こん》」を肝《きも》に銘《めい》じなければ大を成すことはない

私なども、話をするのに原稿はありません。例えば、今日も話をしていますけれども、題以外、別に何も準備もしていません。それで話をしています。

しかし、天才だからできているわけではありません。もうすぐ二千八百回の説《せっ》法《ぽう》になりますが（説法当時）、それだけ続けるというのは、「知的生産の仕組みを自分でつくって、努力を継続してやり続ける」という生活習慣があるということと、それから、勉強だけしても駄目で、それはアウトプットに変えられなければいけないのだということです。

蚕《かいこ》が葉っぱを食べるだけで絹糸《きぬいと》を出さなかったら、蚕の意味がないのです。葉

っぱを食べても、蚕のうんちを出しているだけでは全然意味がないのであって、蚕が葉っぱを食べて、絹糸を出して、それが絹製品になればこそ、値打ちがあるわけです。

勉強してもいいし本をいくら買ってもいいのだけれども、それが知的生産につながらなかったら、それはただの消費、あるいは浪費《ろうひ》なのです。お金の消費か、空間の消費か、あるいは時間の浪費です。だから、意味がないのです。

趣味《しゅみ》でやっている人は別に構いません。しかし、ただ高等遊民みたいになって——「家に金があるから」と言うのかもしれないし、あるいは「働く気がないから」というのもあるかもしれませんけれども——ゴロゴロして本を読んでいるとか、マンガを読んでいる、ゲームをやっている、いろいろあると思いますが、知的生産を生まない、あるいは何らの価値も生まないようなものだったら、それは、やり続けるほどの意味はないのです。

やはり、それは見切らなければいけない。無駄なことをしているというなら、そういうふうに見切るべきだと、私は思います。

だから、そのへんは、できるだけ、「自分は天才だ」などと思わないほうがいいと思います。そんなことに耳を貸したら、そこから堕落《だらく》はあっという間に始まります。

どんな努力をしているかは他人《ひと》に言う必要はありませんけれども、ただ、それを続けないかぎりは必ず消えるし、必ず没落《ぼつらく》するし、必ず別な人に追い越《こ》されていくものなのだということは、知っておいたほうがいいと思います。

これを知らないでは、やはり駄目です。

「若いうちは、早いうちに塾《じゅく》の成績とか学校の成績とかがよくて、いい学校に行けて、いい成績が取れたら、もうみんな、就職とかもよくて、あとはもうエリートで上がれる」と昔から思われていたし、今はちょっと変わっているけれども、それでも、今でもまだそういう幻想《げんそう》は残ってはおります。けれども、そんなに甘くはなくて、もう今は「入り口社会」だけではないのです。

特に今は、寿命《じゅみょう》が延びてきています。昔みたいに早く死ぬなら、早く駆《か》け込んで成功しなければ損ですけれども、人生が長くなってきているので、一つの仕事でも長くなるし、あるいは転職を重ねるにしても、長く働かなければいけなくなります。ですから、やはり、この「運《うん》・鈍《どん》・根《こん》」の三つは、よくよく肝《きも》に銘《めい》じておかないと、大を成すことはありません。これだけはよく知っておいてほしいと思います。

若くて才気溢《あふ》れて頭の回転の速い人は面白《おもしろ》いし、啓発《けいはつ》されることも多いけれども、でも、半分以上は危険度を持っています。それは、角《かど》を曲がり切れない〝暴走ダンプカー〟と同じようなものでして、「その速度で走っていたら曲がれないよ」というのを、知っている人は分かることだけれども、そのまま曲がり切れずに突《つ》っ込んでしまうことはあります。

ですから、どうか心して、もうちょっと、老熟しても成功を続けている方の姿を見てください。必ず秘訣《ひけつ》があるはずです。長く残っておられる方、長く活躍《かつやく》されている方には、必ず秘密があります。その秘密を知って、人間的に努力を積み重ねていくことを大事にしていただきたいと思います。

あまり若いうちに、「ちやほやされたい」とか「目立ちたい」とか思ってやっても――まあ、特殊《とくしゅ》な業界にはそういうのもありますけれども――たいていの場合、忘れ去られていくのもあっという間で、あとは厳しい日々が待っています。もし、廃《すた》れるものだとしたら、やはりその次のところまで予定して、仕込みをしていかなければいけないものだということです。

3　人生のマラソンで入賞者となるために

自分を過信する人は人生の〝長距離走《ちょうきょりそう》〟では敗れる可能性が高い

ちょっと年寄りじみた話を申し上げましたが、昨日《きのう》、幹部の方と会議をしていて、「なんで若い人たちは、そんなに早く成功したがるんだろうか。出世したがるんだろうか」というような話をだいぶしていたのです。けっこうそのように気がついている方が何人もいて、「どうしてそんなに急ぐんだろう」ということを何度も言われたので、「やっぱりこんな話をしておかないといけないのかなあ」と思いました。

知らないのです。人生は長いしそれはマラソンみたいなものなので、四十二・

一九五キロを走らなければ、やはり入賞はできないのだということを。「最初の十キロまではトップでした」などと言っても駄目《だめ》で、棄権《きけん》したらそれまでなのです。棄権者は棄権者なので、やはり駄目なのです。

やはり、この「運《うん》・鈍《どん》・根《こん》」です。

才能があって困りはしないのだけれども、えてして才能があるとか天才だとかいう人は、この「運・鈍・根」が、全部欠ける傾向《けいこう》が出ます。人生を六十年、七十年、八十年、百年というふうに見た場合は、長い意味での〝長距離走《ちょうきょりそう》〟では敗れる、失格者になる可能性は極《きわ》めて高いので、これは知っておいてください。

自分の頭に自信を持つことは大事だけれども、過信することはやはり危険だというふうに思います。それを過信しては絶対駄目です。

若い人たちは「下積み」や「凡事徹底《ぼんじてってい》」を甘《あま》く見てはいけない

英語などでも、みなさんも試験も受けられたりいろいろしていると思います。英検なども「受かる人は頭がいいんだろうな」と思うこともあると思うのです。英検の一級などに受かると、すごい頭がいいんだなあと思うかもしれないし、同じ学校を出ている人だったら、受かる人は頭がよくて、受からないのは頭が悪いのかなと思ったりするかもしれません。

けれども、やはりそうは言っても、大学に行かなくても、英語の資格を取るための専門学校などに二年通ったりした人などなら、英検一級などを取る人はいっぱいいるのです。いわゆる偏差値《へんさち》の高い大学に入れなくても、ちゃんとそれをやれば、受かる人はいるのです。

やはり、それは、それに対してどれだけ時間をかけて、成果があがるような勉強の仕方をしたかということで結果が出るだけであり、頭のよし悪《あ》しはあまり関係がないのです。

それから、さっきの「運・鈍・根」の「鈍」で言えば、私の先輩《せんぱい》に当たる人の話もしたことはあります。四十代でエリートだったけれども、「英語の通訳ガイドの資格も持っている」みたいなことをだいぶ吹聴《ふいちょう》なさっていたのですが、やはり嫉妬《しっと》されて、副本部長以上まで上がれなかったのです。そういう方もいらっしゃるので、「やっぱり気をつけないといけないものだなあ。もうちょっと消し込《こ》みが必要だったかなあ」というふうに思いました。残念ですが。

他人《ひと》が見て、〝勲章《くんしょう》〟がいっぱい下がっていれば下がっているほど、尊敬されると思うかもしれないけれども、「退役《たいえき》軍人なら結構だけれども、現役ならそんな勲章は邪魔《じゃま》になるだけですよ」ということはやはり知っておいたほうがいいと思います。

ちょっと今日は老婆心《ろうばしん》的な話が多かったと思いますが、こういうことで上のほうで悩《なや》んでいる幹部も今いますので、若い人たちは、「下積み」とか「凡事徹底《ぼんじてってい》」の部分を甘《あま》く見ないでください。

才能、能力がないことを悔《く》やむのではなく「叱《しか》られることは勲章《くんしょう》だ」と思うこと

私なども思い出してみると、今、話の種になっているのは、怒《おこ》られたことのほうが本当に多いのです。怒られたことで学んだことが多くて、怒られて、それを心に、記憶《きおく》に留《と》めて、「どうして自分は失敗したのかなあ」「こういうふうにしないようにするには、どうしたらいいのかな」と考え続けたことで、ちょっと賢《かしこ》くなった部分は、その点に対してはあります。

ほめられたときはうれしいし、ときどき落ち込んだときに、「あのときほめら

れた」というのを思い起こすことで、もう一回、元気を取り戻《もど》して、やる気を出したりすることはあるので、人はほめられるのが好きだし、私もほめられたほうがうれしかったけれども、今こういう、みなさんの前で話をする立場に立ってみると、やはり叱《しか》られたことのほうが、みなさんに話す種としてはいいことが多いのです。

他人に叱ってもらえなくなる、怒ってもらえなくなるということは、成長が止まってくるということなのです。だから、小さい下積みの仕事からいろいろ他人にやってもらうと自分は叱られないので、そこは気をつけたほうがいいと思います。

画家で天才とか、ピアニストで天才だとか、バイオリニストで天才とか、数学者で天才とかあるかもしれないし、そういう人も一部いることはいるとは思うから、例外があることは認めざるをえないけれども、それで一生、その人がうまくいくかどうかは知ったかぎりではありませんよということです。

だから、自分としては、大部分は普通《ふつう》の人と同じで、結果がよかったら「運がよかった」と思うぐらいにして止めて、鈍感力をつけて、根性、根気で続けていかなければ、やはりよくならないし、その努力は、どの時点から始めてでも効き目はあるわけです。

例えば、今私は、『黒帯英語』の九段の④をつくっているところです（説法当時）。出ているのは、八段の④までしか印刷はされていません。私のつくるものは九カ月ぐらい早いのです。編集して出版するより九カ月ぐらい早くつくっているので、一段分ぐらい先をだいたいいつもやっているから、余裕《よゆう》はいつもあるわけです。途中《とちゅう》で仕事が入って忙《いそが》しくなっても、全然発刊が遅《おく》れたりしないのは、それは、〝貯金〟をいつも持ってやっているからです。

英語の勉強をやり直したのは、たぶん五十一歳《さい》ぐらいからです。どのくらい学力が上がったかは、よくは分からないけれども、少なくとも学力を落とさないレベルの積み重ねは、今しているつもりではいるのです。それはやはり、長くやれるということが大事で、もう十年以上は続けているわけです。若いころにやったけれども、途中で抜《ぬ》けていると、やはり学力は落ちますから、もう一回やり直しています。

ほかの語学もやりましたが、全然身につかない。悩んでいますけれども、「長生きできる」と今思っています。ほかの語学がどうしてもマスターできない。頭が悪くて、マスターができないのです。ほかの語学を一生懸命《いっしょうけんめい》やると、英語のほうが落ちてくるので、英語が抜けてくる。「いや、これは危ない。英語がしゃべれなくなったらどうしようか」と思って、「あっ、ほかのをやりすぎちゃいけない。英語が落ちないようにしながら、ちょっとずつ、ちょっとずつ、上がっていくにはどうしたらいいいか」みたいな感じでやっています。早く進めばいいわけではないので、語学がちゃんぽんになってきます。そういうことなども用心しながらやってはいます。

だから、「バカであること」を、「才能がないこと」を、「能力がないこと」を悔《く》やまなくていいと思います。

「叱られることはありがたいことで、勲章《くんしょう》だ」と思ったほうがいい。「叱られたら、その分だけ賢くなった」と思って、他人に叱られる程度の人間になってください。（周りが）叱れないような人というのは困る。本当に実に困る。「このままだと、〝ダンプ〟が突《つ》っ込む」というようなときでも、誰《だれ》も注意ができないことになるので、そういう人間にならないでください。それだけのキャパを持つように努力してください。

今日言ったことは、〝裏付け〟があって言っています。私が言っていることは一般《いっぱん》的な話ですけれども、今後も数多く問題が出てくることと関係があると思いますので、よく今日の話を参考にして、自分の生き方、仕事の仕方について、考え直してください。

第3章

天才と凡人《ぼんじん》の間で

――常勝思考《じょうしょうしこう》の精神――

二〇一八年一月二十五日　説法《せっぽう》

幸福の科学　特別説法堂にて

1 「自分自身を知る」ということの難しさ

不満を持つ生霊《いきりょう》の直談判《じかだんぱん》を聞いて思ったこと

「『天才と凡人《ぼんじん》の間で』というのは、変な題だな」と思うかもしれないけれども、明け方ごろからちょっと、こんなことを考えていたのです。四時、五時ぐらいから眠《ねむ》れなかったので、まあ、引っ掛《か》かりがあったのだと思いますけれども、「何か話をしたほうがいいのかな」というようなことを感じました。

というのも、一般《いっぱん》の会員の方々には公開していないけれども、近年は——昔は悪霊《あくれい》がよく来ていたのですが——悪霊ではないのですけれども、生霊《いきりょう》（編集注）というものがよく来るようになっています。それもいっぱい収録はしているのだけれども、公開できないし、本にもできないものがいっぱいあるのです。

それを、いろいろ、つらつら聞いてみると、「どうも何か違《ちが》うなあ」と思うことが多いのです。

生霊で来る人というのは、私を知っている人です。知っている人が――普通《ふつう》は来られないのだけれども――甘《あま》えもあって、直接交渉《こうしょう》・直談判《じかだんぱん》に来ているようなことです。「扱《あつか》い」とか「教育の仕方」とか、いろいろなことに対してちょっと不満があったりして、私に直接、言いに来ているのです。

私を知っているから（生霊となって）言いに来ているのを、収録したりもしてはいるのだけれども、まあ、公開できないものがほとんどなのですが、傾向性《けいこう》として一つ気になっているものがあります。

生霊は「初期のころに私がよく教えていたようなことを聴《き》いていたら、そういうことは言わないだろうな」と思うようなことをけっこう言ってくるので、やはり、教えも、ときどき循環《じゅんかん》して、繰《く》り返し繰り返し教えないといけないのかなと思います。

会が発展しても「消えてはいけない教え、考え方」もある

それから、「昔はそうだったかもしれないけれども、今はもう違うんだ」と生霊が思っている可能性もあるのかなというふうにも思うのです。

生霊は「昔は、幸福の科学なんか何もなかったし、有名でもなかったでしょう?」と言っていて、まあ、おっしゃるとおりですが、「だから、会員数が千人だとか二千人だとか、まあ、せいぜい一万人だとかぐらいのレベルのときに、先生が本で書いたり講演したりした内容が、今、日本全国で知られている幸福の科学の教えとして一緒《いっしょ》かどうかというのは、それは別でしょう」と自分で勝手に思っている人はけっこういるのかなというふうには思うのです。

確かに、最初のころは、「幸福の科学」と言っても、日本人でも聞き取れないというか、「えっ？　今、何て言いました？」みたいな感じで、聞いたことがない名前であるために聞き取れない人もいました。

また、銀行の支店長などが挨拶《あいさつ》に来て話しても、「幸福の科学」と言っても知らなくて、企業年鑑《きぎょうねんかん》を調べて、「企業年鑑に載《の》っていないぞ」というような感じでした。「あの、宗教なんですけれども」と言っても、（首をかしげながら）「えぇ？」という「何してももう意味不明」みたいな感じの対応をされたことも、経験としてはあります。

行員さんからは、「北海道から来た支店長なんで、何も知らないので、すみません」と言われていたのですが。同じ街のなかにあったので、行員のほうは、当会がこれから成長するかと思って、貸出先になるのかなとも思って、新任の支店長を連れてきたところ、幸福の科学を全然知らなかったのです。まあ、本を読んでいなければ分からないということはあったでしょう。あるいは、新聞の広告とかをよく見ていなければ分からないということはあっただろうと思います。

それが、近年というか、最近でもないし、ちょっと前なのですが、某《ぼう》役所から、「おたくは二種類の名前を使っている」とかいう指摘《してき》をされたのです。「『宗教法人 幸福の科学』と『幸福の科学』と両方、出回っているぞ」と言われて、「えっ、そうですか?」と。こちらも、総裁のほうは、そんなことは知らないぐらいで、「えっ、そうでしたっけ?」という感じでした。

「そうだよ。出しているもののなかに『宗教法人 幸福の科学』というのと『幸福の科学』と両方が出ていて、登記しまくっている。これはおかしいから、統一してくれ」と言われて、結局、「幸福の科学」のほうに法律的には統一したのですけれども、宗務《しゅうむ》本部の看板は「宗教法人 幸福の科学」と、いまだに掛かっているぐらいです。やはり、「宗教法人」と書かないと、分からない人がいる可能性があるのです。

宗教施設《しせつ》であるため、静穏《せいおん》を守りたいというか、うるさくしないでいただきたい、聖域だと思って一定の敬意を払《はら》っていただきたいということから、「宗教法人」とわざわざ書いて、いまだに残してはいるのですけれども、「『幸福の科学』という名前だけで、もう分かるから、そんなもの、付けなくていい」とお役所さんが言ってくるぐらいの、そういうような時代にもなっています。

だから、「最初のころに恐《おそ》る恐る入った人とか、『何それ？』と言われながら信者をやっていた人から見れば、三十年以上たっての今は、だいぶ違うのかな」「二世会員の時代になっていて、職員として入局してきている時代になっているので、だいぶもう昔とは違うのだろうな」とは思うのです。

最初のころ入った職員などの意識と、今入っている人も違うし、あるいは、会の活動もたぶん違っているのだろうなとは思うから、あるいはこちらのほうが

〝浦島太郎《うらしまたろう》〟なのかもしれないとは思います。

しかし、「消えてもいいものもあるけれども、やはり、消えてはいけない教えというか、考え方もあるのではないかな。そのへんが、上手に仕分けできていないところもあるのかな」というふうなことを考えていました。

二十一世紀になって十八年ぐらいたっているし、平成がもう終わろうとしています（説法当時）。平成が三十年で終わろうとしているので、時代が変わることは間違いない。

だから、当会も、その新しい時代に向けて、また、教えとか活動とか、いろいろ文化を変えていかなければいけないかなと思いつつも、ただ、「変えてはいけないものもある」というか、「遺《のこ》すべきものは何なのか」ということも一部、反省しなければいけないのかなというふうに思っている次第《しだい》です。

郵便はがき

料金受取人払郵便

赤坂局承認

6386

差出有効期間
2026年10月
31日まで
(切手不要)

1 0 7 - 8 7 9 0

112

東京都港区赤坂2丁目10－8
幸福の科学出版(株)
読者アンケート係 行

フリガナ お名前	男・女	歳
ご住所 〒 都道府県		
お電話( ) —		
e-mail アドレス		
新刊案内等をお送りしてもよろしいですか? [はい(DM・メール)・いいえ]		
ご職業 ①会社員 ②経営者・役員 ③自営業 ④公務員 ⑤教員・研究者 ⑥主婦 ⑦学生 ⑧パート・アルバイト ⑨定年退職 ⑩他( )		

プレゼント＆読者アンケート

『なお、一歩を進める』のご購読ありがとうございました。
皆様のご感想をお待ちしております。下記の質問にお答えいただいた方に、
抽選で幸福の科学出版の書籍・雑誌をプレゼント致します。
（発表は発送をもってかえさせていただきます。）

1 本書をどのようにお知りになりましたか？

2 本書をお読みになったご感想を、ご自由にお書きください。

3 今後読みたいテーマなどがありましたら、お書きください。

ご感想を匿名にて広告等に掲載させていただくことがございます。
ご記入いただきました個人情報については、同意なく他の目的で
使用することはございません。

ご協力ありがとうございました！

アンケートは、右記の
二次元コードからも
ご応募いただけます。

学生時代に優《すぐ》れた才能がある人が気をつけるべきこととは

生霊がいろいろ来て言っていることのなかには、実際に生きている人（生霊のもととなっている本人）の意見も出てきているのですけれども、やたら、「天才だ」とか「神だ」とか、まあ、神でなくても、「仏だ」とか「如来《にょらい》だ」とか、そんなことをよく言うのです。そういうことをいっぱい言うので、こちらは「ああ、そうですか。それは結構ですね」と言ってはいるのですけれども。

まあ、どんどん人口も増加中だから、それは、神様も仏様も如来も菩薩《ぼさつ》も増えているだろうとは思っているし、当会が活動しているから、「会員数が増えたら、そちらの枠《わく》も増やさないといけないのかな」と思ったりもすることはするのですけれども（苦笑）、「ちょっと危ないかな」と思う面もなきにしもあらずです。

特に、幸福の科学学園生とかＨＳＵ（ハッピー・サイエンス・ユニバーシテイ）生たちもすごい自信を持っていることも事実なのだけれども、「場合によっては、周りから見ると、何かすごくうぬぼれているように見えている面もあるらしい」ということも耳にするので、少し気をつけなければいけないなと思います。「天才教育」というようなことを言っていることは事実ではあるし、実際上、そういうことを志して、取り入れてやっているところも事実ではあるのです。それは、いちおう、そういう志《こころざし》は持ってやっているけれども、みんながみんな天才になるわけでもないし、若い時代にそんなに簡単に決まるものでもありません。

ＨＳＵも〝大学〟として、就職ということに、これからなってくるところですけれども、就職したら、社会との落差にけっこうショックを受けるといけないから、ちょっと、これから繰り返し言わなければいけないなと思っているのです。

幸福の科学学園やＨＳＵでは天才教育をされたかもしれないし、そういう方もいっぱいいます。例えば、学園の那須《なす》本校などでも、もうトロフィーの山です。新設校にしてはトロフィーの山で、もうトロフィーだらけです。私も、あんなのはあまり見たことはないし、ほかの人もそう言っているから、そうなのでしょう。すごく才能がある人が多い学校なのだろうと思うし、校長なども毎年のように栃木《とちぎ》のテレビに正月に出てきています。それが一日《ついたち》に放送され、三日ごろに再放送されるのです。二回も、新年のご挨拶として、栃木県を代表する名物校長というか有名人というようなかたちで出て、「また、去年はこういうことがありました」みたいな感じで学園の活躍《かつやく》を報道すると、「日本全国的なもの、あるいは国際的なところまで何かゲットした」という報告になるので、栃木県民の県民意識が高まるというような感じで放送してくださっています。

まことにありがたいと思いつつも、子供たちが実社会に出て、そのあと、ストンと落ちて尻餅《しりもち》をついて痛い目に遭《あ》ったらいけないなという老婆心《ろうばしん》も、ちょっと一部、出てくるところもあるのです。

ほかとは違うアプローチをして教育しているから、才能とかは出やすいし、伸《の》びやすいところもあって、実際、優《すぐ》れているところもあるのだけれども、それを、だんだん、「生まれつきのもの」とか「当然のものだ」とかいうふうに思い始めると失敗することもあるので、気をつけてほしいなと思っています。

宗教は世のため人のために仕事をしようとする人が来るところ

また、当会の職員を見ても、私などに向かうときはみんな、比較的《ひかく》、頭《ず》が低いというか、あまり偉《えら》そうにしたら、それは損になるのは分かっているから、それなりに丁寧《ていねい》にやっているのですけれども、「違うところではずいぶん態度が変わる。コロッと変わる」ということは聞いています。「けっこう威張《いば》っている。尊大だ」ということは聞くことが多いのです。

まあ、自信を持っているのは悪いことではないのだけれども、仕事として、宗教というのは何をするところか、やはりよく考えていなければいけないなというところもあるのです。

出世するために宗教に来ているわけではないのです。この世での出世をするためだったら、それはそういうところもあるかもしれないけれども、宗教というのは、だいたいは、出世などというのも、こんなものもかなぐり捨ててくる人が来るところであるのです。わが身一人の幸せだとか出世だとか儲《もう》けだとか、こんなようなものは無視して、度外《どがい》して、世のため人のために仕事をしようとする人が来るところであるのに、何かどうもそうでないように――まるで、昔のお代官が農民を治めているような気分で信者に説法《せっぽう》を垂《た》れているのだったら、ちょっと問題は出てくるので、そうであってほしくはないなと思います。

そういう意味で、初期のころに語っていたようなことも、いまだに生かすべきものは生かさなければいけないのではないかと思います。

若い人もそういうふうにうぬぼれる傾向は出ているけれども、長くいる人でもちょっとその傾向は出てきています。

つくったばかりの教団で、法人格もなかったレベルのところから、出版社だけつくって、何とか契約《けいやく》をやっていたような段階から、三十年以上たって、日本を代表するような教団にはなってきているし、おそらく日本でもいちばん有名な教団の一つであることは間違いないし、海外でも知られてきつつあることも事実ではあるのです。

しかし、働いている職員などを見ると、財閥《ざいばつ》系の企業に勤めているような気持ちでいる人もいる気がします。「あのー、うちを、そんな百年以上やっている百年企業の、明治にできた財閥の企業にご就職されたと思っているんだったら、ちょっと違うんですけど」ということです。

やはり、けっこう危険なところを綱渡《つなわた》りしながら、イノベーションをかけ、努力して、いろいろな敵とも戦ったり護《まも》ったりしながら、何とかかんとか、えっちらおっちらやりながら、ここまで来たのです。

その歴史のところを忘れて、今はもう財閥系企業みたいな、百年企業みたいな気持ちで、役所の代わりに、「安定している」と思って来ているのだったら、ちょっと間違いがあるのではないかなと思うので、このへんをもう少し注意しておきたいというところです。

だから、身分制社会みたいなものをあまりつくらないでいただきたいし、貴族制社会みたいなものもあまりつくらないでいただきたいと思っています。

実力や実績に差があれば、世間《せけん》の扱《あつか》いが変わるのは当然のこと

人間はどの世界に行っても、それは実力に差が出るし、才能に差が出てくるの

で、実績に違いが出てくれば扱《あつか》いが当然変わってきます。「世間《せけん》の扱い」というものがあって、これは当たり前のことです。それはそうです。

紅白歌合戦に出たとしても、「出してもらうだけでもありがたいと思え」というレベルの歌手から、その歌手を出すために、わざわざ、もう別のステージにセットをつくって、特別に撮《と》らなければいけないような歌手までいるわけで、かけるお金がＮＨＫでも違うわけです。国民のみなさんのためのＮＨＫでもです。「出してもらうだけでありがたい」「体という資本だけで働け」という歌手のレベルと違って、はっきり言えば、安室奈美恵《あむろなみえ》さんみたいに〝もう最後かもしれない〟というような人のためだったら、ＮＨＫのそのホールでやるのでは、ほかの人と同じようなセットではとても組めないので、別のところに「安室用のセット」まで組むのです。お金が幾《いく》らかかったか知りませんが、わざわざそこだけのためにやってもらうぐらいまで設《しつら》えないと、なかなか来ていただけないぐらいの差はあります。

これは、歌手の仲間のなかで言えば貴族になってしまっているのかもしれないけれども、実力があってのものです。

それはミリオンヒットもたくさん飛ばして、全国のドームなどで「ドームツアー」で歌を歌えて、それでもう司会者も立てないで、自分一人のトークと歌で二時間もやってのけるぐらいというのは、それはそうとうな強者《つわもの》です。

やはり、それは普通に、いくら人気があるといっても、ＡＫＢ48みたいな、何十人も「メダカの学校」みたいに歌って踊《おど》って、誰《だれ》がいるかまだどうしても覚えられない人と、一人でやれる人と、それは差はあるでしょう。

ＡＫＢだってほかから比べるとずっと偉いけれども、やはり差はある。だから、そのへんの実力の差を、実社会のほうで反映して、適当にその扱いを変えて――「その人に適当に」というのは、ちょうど合った扱いをするということですが——これは社会常識だから構わないのです。

そういうふうに、結果的に、天才扱いされたり、すごくずば抜《ぬ》けた方として遇《ぐう》されることがあっても、公平な社会のなかでそれが当然なら、私は別に構わないと思うのです。

それは、あの安室さんを出すのに、ほかの人と一緒で、マイク一本を握《にぎ》って、ただ「歌え」というだけだったら、「ちょっともったいないだろう」「いいものをもっとよく見せるぐらいの演出をしたほうが、それは見ている人にとってのサービスにもなるだろう」と思うから、そのくらいのことはするでしょう。

今年、たまたまコマーシャルの歌がヒットしたぐらいの人を出してそんな大舞《おおぶ》台《たい》をつくったら、今度は顰蹙《ひんしゅく》を買うのは間違いなくそうでしょうから、このへんがいわゆる、目に見えない常識というところのすごく難しいところです。

だから、幸福の科学系統の学校を出たり、あるいは、職員になったりして、仕事をしていても、プライドがある人はとても多いのだけれども、このへんの、社会的な相当性が客観的に見えているかどうかというところは、一つ要《い》ると思うのです。

気をつけないと内弁慶《うちべんけい》になって、なかだけですごく威張っていて、外に出ると全然通用しないというか、外の人に対してはもうすごい弱腰《よわごし》でペコペコして何も言えなくて、なかだけですごく威張っている。こういう人はいっぱいいるのです。選挙などをやったらよく分かると思うのですけれども、外で通用する人と通用しない人は、やはりいます。

そういうことで、「自分自身を知る」ということはとても難しいことなのです。だから、よくそのへんの心構えというか、心得《こころえ》を知っておく必要があるかなと思っています。

（編集注）生霊《いきりょう》とは、地上の人間の強い念《おも》い（表面意識部分）と、本人の守護霊《しゅごれい》（潜在《せんざい》意識部分）とが合体したものである。『生霊論』（幸福の科学出版刊）参照。

2 「一期一会《いちごいちえ》」で登り続けた教団の歩み

立宗《りっしゅう》二年目、『平凡《へいぼん》からの出発』発刊当時は垂直の壁《かべ》を登るような気分だった

初期のころには『平凡《へいぼん》からの出発』という本も出しました。あれは、三十歳《さい》で独立して、三十二になるぐらいのころかと思うのですが、今は『若き日のエル・カンターレ』（宗教法人幸福の科学刊）に題が変わっているのかと思うのだけれども、最初のものは岩壁《がんぺき》を登っている表紙でした。

岩にピッケルを打ち込《こ》んで、ロープを垂《た》らして、直角、垂直な壁《かべ》を登っている写真を表紙にしました。それで、『平凡からの出発』としておいて、「なかなかす

さまじい、垂直の壁かよ」というのは、まあ、当時の気分はそうだったのでしょう。当会をつくって、立宗《りっしゅう》二年目ぐらいの気分というのは、それはもう直角の、垂直の壁か、何かアイガー北壁を登るみたいな、たぶんそんな感じだったのでしょう。

私もそのへんで、ザイルを持って、ピッケルを打ち込んで登っているぐらいの気持ちで、「落ちたら命はもうないものと思え」ぐらいの気分でした。自分でもそう思っていたし、会社を辞《や》めてついてきた、当会に転職してきた人たちも、周りの反対をいっぱい受けながら来て、離婚《りこん》の危機もありながら来た人が多かったと思うので、たぶん、そういう表紙が出たというのは、だいたい、気分はそんな気分だったのだろうと思います。

中身はちょっとまた、今、少しは書き直したり、表紙も『若き日のエル・カンターレ』に変えたりはしているけれども、その、直角、垂直に上がっているというのは、「これは伊達《だて》ではなくて、そんな感じだったのですけれども……」ということです。

あれは一九八八年ぐらいのものではないかと思います。半自伝的なものではあったので、昔の学生時代の友達とか、いちおう、親しかった友達とかに送りました。私はあまりそんなにこまめにはやらないので、まあ、珍《めずら》しくではあるけれども「ちょっと、幸福の科学を知ってもらえるのにいいかな」と思ったのです。自分の半自伝的なことや始めた仕事のことを書いてあったから、親しかった人には何人か献本《けんぽん》で郵送したのですが、誰《だれ》からも返事が来ませんでした。

今までは年賀状も来ていたし、電話もかかったりいろいろしていたのですが、本を送った瞬間《しゅんかん》に、とたんにピタッと何も来なくなったので、「えっ、これはどういうことだろうか」と思ったけれども、ショックだったのだろうと思うのです。

十代から、ずっと年賀状とかが来ていたり、ときどき遊びに来たりしていたような人もいるのですが、それもみんな、返事がどこもおしなべて、誰からも来なかったのです。絶句したか、衝撃《しょうげき》を受けたか、ショックで硬直《こうちょく》したかは知らないけれども、「別の世界に行ったらしい」ということだけは分かったらしいのです。「彼岸《ひがん》の世界——三途《さんず》の川を渡《わた》って、向こうへどうも行ったらしい」ということだけはみんな分かったので、「どういうふうに付き合ったらいいかがもう分からないということなのだろうな」ということです。

当時は、俗世《ぞくせ》のときの名前は別にありましたので、今は法律的に改名して大川隆法が本名になっていますが、まだこちらはペンネームだったので、知らないだろうなと思って送ったのですけれども、ちょっとショックだったみたいです。

あとは、連絡《れんらく》が来なくなったのを見て、「ああ、やはり、これはかなり距離《きょり》があるから、もうあまり無駄《むだ》なことはしないほうがいいな」と思ったのは覚えていて、それ以後、たいてい、興味があって来る人を相手にして、「自分は伝道していって増やしていく、〝新しい友達〟をつくるほうがいいな」と思って、そういうふうにやってきたのです。

今だったら、多少言えるのかもしれないし、一九九四年ぐらいになってきたら、東大などでも、東大新聞に卒業生の就職先で幸福の科学というのが何人も出たりしていたので、けっこう大手というか（笑）、わりあい多めだったところもあって、五人ぐらい入っていたときもあったとは思うのです。

まあ、九〇年代で、みんなが分かってくれるまでに、ちょっとメジャー化はしたのです。そういうところがありました。

自分が傑出《けっしゅつ》して優《すぐ》れているとは思っておらず、宗教を起こすのもリスキーな船出だった

「平凡からの出発」というのは、今、言ってもあまりそうは思ってもらえない

のだろうなとは思うけれども、実際、そんな気持ちだったのです。岩壁を登るというのは、どんなベテランだって危険はあるし、頂上まで上がれるかどうか分からない状態です。だから、一回一回、一期一会《いちごいちえ》で登っている状態でしょう。「今回は、いつ死ぬか分からない」と思ってみんな行《い》っているけれども、やめられないというようなものだったと思うのです。家族にも責任が負えないかもしれないというようなものだと思うのです。そんな気持ちではいたのです。

自分自身はそんな傑出《けっしゅつ》して優《すぐ》れているという気持ちは、当然持っていなかったし、本当にワン・オブ（大勢のなかの一人）であったと思います。客観的にどうかというのはよくは分からないのですけれども、まあ、どうでしょうか。日本人の平均がどんなものかはちょっと分かりにくいけれども、よく言って「百人に一人ぐらいの頭脳だ」と言ってくれても、十分うれしいぐらいだったかなと思います。

もうちょっと無理して底上げすれば、三百人に一人とか、五百人に一人ぐらいまでは言ってくれてもいいのかもしれないけれども、実際、それはちょっと、人より余分に勉強を長くしたために、成績とかが少し出ていた面はあるかもしれません。

「地頭《じあたま》はどのくらいだと思うか」と言われたとしても、「日本人の平均で見ても、百人に一人ぐらいの頭でしょうか」というのが、率直《そっちょく》な私の感じはそのあたりで、これでもちょっとほめすぎかもしれないという気持ちもあるぐらいです。平均がなかなか分からないし、田舎《いなか》のほうにいたので、感覚がズレているかもしれません。

百人に一人ぐらいという感じだったら、一億二千万人ぐらいいたら、私ぐらいの頭の人は百二十万人ぐらい日本にはいるということになるわけです。百二十万人ぐらいの人が、何か事業をやって大きく成功するというのは、なかなか大変なことなのです。それは、もうみんなそこまで行かずに終わってしまうのが普通《ふつう》です。

だから、それからあとは努力のところなのです。努力した結果、何か実績が出てきたら――先ほどの安室さんではないけれども――人は違うように言ってくれるかもしれませんが、やっている本人はそんな気持ちはまったくないというのが率直なところなのです。

そういう気持ちが、今の若い人とか、あるいは一部の幹部などにも、もうなくなっているのかなという気は若干《じゃっかん》します。本当に、十分リスキーな船出をして、自分自身も保証できませんでした。まあ、「夜明けを信じて。」（製作総指揮・原作 大川隆法、二〇二〇年公開）の映画もありますけれども、今観《み》てももしかして分からないかもしれません。

だから、会社を辞めて宗教を起こすということが、どの程度リスキーに見えて、周りから見て、「もう、バカなことするんじゃない」というように見えたかどうかというのは、たぶん今、もう分からないのではないかと思います。

今は、「ほかの会社に勤められたのに、幸福の科学に来ました」と言っても、「まあ、幸福の科学は、それは有名でしょう」ということで、好き嫌《きら》いは別として、「そういうことはあるだろう」と思います。ライバル教団みたいなところだってよく知っていますから、ほとんど今もう、当会のまねをみんな一生懸命《いっしょうけんめい》しようとして、できないで困っているような状態ではあるので、昔とはだいぶ違うとは思うのです。

3　私も経験した「実社会に入ってからのショック」

実社会に入ったら、いかに自分が仕事ができないかを
つくづく知ることになる

だから、私はそんなにうぬぼれては決していなかったし、若いころで言えば、優秀《ゆうしゅう》な方は現実にたくさんいらっしゃった。若いうちに「短い時間で何かを達成した」とか「クリアした」とかいうようなことだけで言えば、もっともっと、要領よくやれた人はいっぱいいいます。

幸福の科学学園生たちがその年代に当たっているとすれば、今の私から見ると、もう学園生あたりでも——まあ、全員とは言えませんけれども——一部の人たち

は、いろいろなところの才能で私よりも優《すぐ》れている人はいっぱいいるように、私の目には見えます。「自分は、当時はそんなところではなかったな」と思うことはいっぱいあるのです。

だから、勉強だけではなくていろいろなこと、例えば、「チアダンスで世界で認められる」とかもあれば、「コマーシャルをつくって出したら県で一等、二等を取る」とか、ほかのことでもいろいろなところで優勝したり認められたりするようなことがいっぱい出ています。ポスターとか、ああいうものでもそうです。これは、一学年百人ぐらいの学校としてはちょっと、かなり、そうとうなことなので、普通《ふつう》のところで言ったら英才・天才みたいな人がゴロゴロいるように見える学校なのだろうと思うのだけれども、それは、ほかの同年代の人たちがそういうところを伸《の》ばそうとしてやっていないところを伸ばしたら、光って見えるところはあるだろうとは思うのです。

ただ、それはまだまだ、これからなのです。だから、「ＨＳＵの卒業生も実社会に入ったら、この、今までほめられていたのがストーンと落ちて、いちばん下の、本当に末端《まったん》の仕事から始まりますよ。このときにはちょっとカクッと落ちて、ショックを受けますよ」ということです。私も受けたことがあるショックであり、みんな、ほかの人も受けているのです。

テレビなどで東大生を何十人か集めてクイズ番組とかをよくやっていますけれども、明石家《あかしや》さんまさんあたりが司会をしています。それで、何かおべんちゃらを言いながら、半分からかいながらやって、「はあーっ！　すごいですねえ。天才ですね」と言って、心のなかでは全然思っていないのだろうなと思うのだけれども、あちらのトークのほうがよほどやはり上です。まあ、地頭で言えば明石家さんまさんのほうがずっと上です。東大生より頭がいいのです。もう何億、十億、稼《かせ》ぐ男であって、東大生たちで出ている人は十億以上稼げるようになど、ほとんどなれやしないのです。みんな、受かったところでもう終わっているのです。「それはもう天才ですよね」「理Ⅲに受かったなんて天才ですね」と言われても、みんなもう勤務医をしたら、一千五百万や二千万ぐらいもらえたら終わりです。開業医をやったら、四千万ぐらいもらえたらもう終わりで、ほとんど経費です。だから、利益が幾《いく》ら残るかなど分からない。赤字のところがいっぱいです。そんなことで、病院を建てるために、政略結婚《けっこん》でお金を持っている人のところへくっついてやったり、もうそういうことが、みんな、それから先にあるのです。

法学部だって天才などではないのです。その後、卒業してからみんな、社会の底辺に入ったら、いかに自分が仕事ができないかをつくづく知るのです。

だから、東大の図書館で夜の十時まで、閉められるまで勉強していたというようなことで、『判例百選』を読んで、『六法全書』を読んで、法律の本を読んでいて、それで、「偉《えら》かっただろう?」と、仲間内では、友達関係では言える。しかし、外へ出たら、言えば言うほど「おまえバカか」と言われる。これは、この落差がそんな簡単に分からないのです。これが分からない。これがそう簡単には分からない。いちばん〝底辺〟になるということで、当たり前のこと、「電話の取り方」から「コピーの取り方」、それから「お手紙の返事の書き方」から、いろいろ教わって、できないので怒《おこ》られる。「おまえなあ」と言われて怒られるというのを繰《く》り返します。

私もときどき言っているのだけれども、あまりみんな実感しないらしくて、笑い話だと思って聞いています。ただ、それは本当に起きることで、習っていないのです。先生たちもそんな、学校から出ていない、ずっと学校にいる人たちで、実社会のことを知らない人たちであり、そこでいい成績をもらっても通用しないのです。まったく知らないし、分からないことがいっぱいあるのです。

やはり、謙虚《けんきょ》でないと教われないのです。

本当にゼロになって、ゼロから習うつもりで行かないと、すぐ面白《おもしろ》くなくてパッと辞《や》めたくなるのです。「俺《おれ》をこんな扱《あつか》いするのは、けしからん！」というような感じの威張《いば》り方をする人がいるので、本当に悲しいなと、やはり思うけれども、〝出来上がる〟のです。

最高学年まで、四年生ぐらいまで上がってから、後輩《こうはい》もできて威張っていて、（頭を上げるしぐさをして）こう威張っていたのから――特に部活などをやっていると威張っている人もいますけれども――社会のいちばん下に入ると、これがコロッと変わって、（頭を下げるしぐさをして）こうやれる人は、まあ、それなりに偉いけれども、なかなかできるものではなくて、だいたい怒られる。そして、むくれるか、怒って辞めるか、何かほかの人のせいにするか、会社のせいにするか、そんな人はいっぱいいます。「名前が消えていった人」というか、〝途中下車《とちゅうげしゃ》〟の人はものすごく、ものすごくたくさんいます。

それは、人間として生きていく生き方や、あるいは人間関係力について教わっていないからなのです。「人との距離《きょり》の取り方」や、「こういう場合はどういうふうに振《ふ》る舞《ま》うべきなのか」「どういうふうに受け止めるべきなのか」「自分をどういうふうに変えるべきなのか」というようなことをキチッと教わっていないし、もう自分は偉いと思ってしまい、天狗《てんぐ》になってしまっているのです。

だから、今、教団のなかで「神様」や「天狗様」はいっぱいいらっしゃるのを見ているけれども、「ああ、そういえば、昔もいたなあ」と思って、そういうのを思い出すことはやはり思い出します。

会社からの扱《あつか》いは、入社後にコロッと変わるもの

会社に入ってリクルーターをしたときも、だいたい先輩は後輩の面接を最初はしますから、東大の法学部の後輩などの面談をだいぶ、何十人かしましたけれど

も、「まあ、ようぬぼれていることで」と、もう本当に感心、感心することでした。

面接は土曜とか日曜も出てきてやっていました。こちらは社会人なので、日曜日などに出てきて、休日出勤してやっているのですけれども、まあ、学生が威張ってしまって、「わざわざ来てやったんだから、そういう言い方はないだろう」みたいな感じでした。「もう、学生が何を威張っている。これから、社会人になってからガンガンに頭を殴《なぐ》られるのが分かっているのか」とこちらは思っているけれども、そのリクルートのときだけは、みんな、持ち上げたりいいことを言ったりはしてくれるのです。

そのときだけなので、入ってしまえば、もう〝奴隷《どれい》〟扱いをされる。コロッと変わるのはもう分かっているのですけれども、採用するときだけは、定数を人事のほうは採《と》らなくてはいけないから、定数を採るために、あの手この手を使って持ち上げたりします。

それから、早稲田《わせだ》や慶應《けいおう》あたりでも、もう、バスに乗せて軽井沢《かるいざわ》まで連れていって、「テニス合宿」とかいって〝監禁《かんきん》〟して東京に帰さない。軽井沢でテニスを毎日やらせているのです。

「あの、帰りたいんですけど」「いやいや、合宿ですから。研修の一環《いっかん》です」とか言って、「もう、内々定した人たちは、まず一週間ぐらい、ここで合宿をやらなきゃいけない」ということにして、会社訪問ができないように〝監禁〟しているのです。

しかし、その〝監禁〟しているということについては――私がものの本に書いたり、しゃべったりしているように、当時は労働省というのがあって、「十月一日《ついたち》、会社訪問解禁」「十一月一日、入社試験」とカレンダーにもちゃんと書いてありました。

私は法学部ですから、そのとおり遵法《じゅんぽう》精神で十月一日に行ったら、その「早稲田・慶應を〝監禁〟した」というのが九月の十日ぐらいからの話なのです。

「九月の十日ぐらいから一週間ぐらい〝監禁〟しているって、ええっ？　それ、どういうことですか。会社訪問は十月一日からなのに、九月の十日ぐらいから監禁するって、それ、どういうことですか」ということですけれども、「ほかの同業他社から、ほかのライバル会社は、みんなリクルートをやりまくっている」ということです。

「いいのは先に押《お》さえてしまう」というので、「『公平に十月一日に一緒《いっしょ》に受けよう』などという、そんな良心的な人はほとんどいない」ということです。「よっぽどボケた人しか、そういう人はいない」ということです。

だから、十月一日にたくさん人は来ていましたけれども、ほとんど、落とすために来ているようなもので、そのことを知らない人たちが来ていらっしゃった。

内々定みたいなのは、もう九月の半《なか》ばぐらいにはだいたい出ていて、あとは枠《わく》がちょっとだけで、申し訳程度に数人ぐらいは余地を残しているぐらいです。そのくらいに実際に私は行っています。それでも、就職活動は、四、五日ぐらいしかしてはいないのです。面倒《めんどう》くさいから、もうパッと決めてしまったのです。

それでも、十月一日に行ったら、会社の前とかに十重二十重《とえはたえ》にもう人が巻いていて、特に女子大生とかは就職先がなかったので、もう三重《さんじゅう》ぐらいに巻いていましたでしょうか。会社のビルの前を三重ぐらいに巻いていて、「どのくらい、これ、いるの?」と訊《き》くと、「二千人ぐらいはたぶん来ているだろう」と言っていました。二千人ぐらい十月一日に会社説明会を受けに来ているのです。

それで、何人採るかというと、何十人か採るのだけれども、実は、それを受けても、本当は受からないのです。「コネ」というのがあって、商社の取引先がいっぱいあるので、取引先の会社の社長の娘《むすめ》、副社長の娘、専務の娘から役員の娘から部長の娘から、もうすでに、いっぱい、みんな押し込《こ》んできているわけです。とっくに押し込んできていて、コネA、コネB、コネCとみんなついている。それでランキングがついて、あと、面接した結果と併《あわ》せて、決めているのです。

あとは、もう、ほとんど落とすためだけにやっているような面接で、「落とそう」と思っているからいやらしいことをいっぱい訊くのです。だから、もう、入る余地はほとんどないのです。たまに〝拾い物〟があるから、それは使うのですけれども、もうほとんど落とすつもりできているから、バーッと女子大生を入れて、「で、君、男性経験はいつでした？」とか、こんなことを平気で訊く。今だと「セクハラ」と言われると思うけれども、いやあ、怒らせるのです。怒らせる。わざと怒らせるようなことをいっぱい言うのです。

そして、ムカッときて、ガーッと感情的になって怒《いか》りを出すところをやらせるのです。そして、あとで「不合格」と言われるでしょう。「あっ、あれが失敗のもとかな」と思わせるようなことを言うのです。

だから、もう実にいやらしいことを訊きます。私は女子の面接はやらせてもらっていないから経験はなく、私は言っていないけれども、でも、聞くところによれば、そんなことで怒らせるようなことを言って、「あれが原因かな」と思わせる。あと、英語の試験が目茶目茶《めちゃめちゃ》難しくて、「零点《れい》かなあ」と思って帰させるというのをやっているのもありました。

持ち上げられて入社しても、最初の仕事は〝雑巾《ぞうきん》がけ〟

世間《せけん》はそんなものでして、就職先も、採りたい人は持ち上げたり囲い込んだりして、いろいろすることがあるけれども、それもそのときだけで、あと、入ってからはもう牛馬のごとく、労働力です。

早稲田・慶應をバスに乗せて、〝監禁〟して一週間、軽井沢でテニスをさせてもらうというのは、それはもう、何か王侯《おうこう》貴族になったような気分になるでしょう。

四月一日《いっぴ》に入ったらどうかというと、そんなもの、もう〝雑巾《ぞうきん》がけ〟です。「何を言っているか。おまえに人権なんかあると思っているのか。おまえの仕事は雑巾がけだ。机の上をきれいにして、はい。化学品部に入って薬品を全部片付けて、全部雑巾をかけて、きれいに。はい、まだ濡《ぬ》れているだろうが！　乾《かわ》かしてから置くんだ」とか言って、やらされて、もう天国から地獄《じごく》です。半年後の姿はそうなのです。まったく知らない。それは、入ってから、そういうことになる。まあ、社畜《しゃちく》でしょう。

だけど、これに耐《た》えられないような人間は、どうせ、あと置いておいても駄目《だめ》なのです。これはまだ優《やさ》しいほうかもしれません。

某《ぼう》証券会社みたいに、「二百人採って、一年後には三分の一になる」というのには、もう、最初からそのつもりで入れているところもあって、一年後に三分の一になるのです。

ただ、(会社はそれを) 知っているけれども、新しく採った二百人の人に、家族、親戚《しんせき》、縁者《えんじゃ》、全部をバーッと証券とか、保険もそうですが、勧誘《かんゆう》して、入《い》れるように回らせる。恥《は》ずかしいけれども、入れるように回らせる。ノルマをかけて、やらす。だいたい半年ぐらいすると、一通り全部終わるのです。

だから、「半年、勧誘してくれると、あと辞めてくれても、もう構わない」というのが会社の方針なのです。だから、きつい。だから、一年後には三分の一になっています。

まあ、そういう世界です。知っていて、やらす。そういう裏表《うらおもて》がちゃんとあって、実社会は実に厳しいのです。

だから、それでやられると、例えば東大出の人たちは、そんな、一年後に三分の一になるような激しいノルマ競争をかけられたら、たいてい脱落《だつらく》しますから、そう思われた人たちは、法務室みたいなところにちょっと入れて、「法律でもやっとれ」ということになります。

企業《きぎょう》関係の裁判ものとか、いろいろあるから、法務室あたりにちょっとプールして置いておくとか、あるいは人事部あたりにちょっと置いておいて、慣れるまで何年か置いておいてからでないといけなくて、「現場に出すと、すぐ、即《そく》辞めるから、置いておく」というようなことをやっているところもありました。

実社会は厳しいのです。だけれども、いちばん下の底の底の位置は味わわせる必要があるのです。「底辺とは何か」ということをいちおう教える必要があります。

次に、「二年目とは何か」ということを教えさせる。後輩が入ってくると、一年下が入ってくると、ちょっとだけ人権が出てくるのです。それで、教えられるようになります。

それで、三年目になると、もうちょっとだけ人権が出てくる。私も、一年目から、ずいぶん生意気《なまいき》なので上から怒られたほうではあるのだけれども、「おまえみたいなやつは、三年ぐらいしたら、いろいろな判断業務に回されるようになるのだから、その程度も我慢《がまん》できないのか」と、ずいぶん怒られました。

三年でもまだ早いほうで、三年から五年ぐらいで判断業務を任されるようになったら、これはかなり早いほうです。普通はそこまで行かないで、事務なら事務、それから、訪問営業なら訪問営業みたいなのばかり、ずーっとやらされているのが普通なのです。そのようなことを言われ、「三年も待てないのか」というようなことを言われました。

実社会は実に厳しいものです。業種が変われば、ちょっとはまあ、それは文化は違《ちが》いますけれども、でも、基本は似たようなものでした。

私たちのときでそんなような感じだったし、メーカーなどに行く場合は、給料は半分ぐらいしかない上に、さらに、社宅というか寮《りょう》が、一人部屋はないのです。当時、同級生で、そういうふうな会社に入った人に聞いたら、「四畳半《よじょうはん》の独身寮に二人」と言っているから、「はっ！　四畳半に二人で住むのか。それ、かなりきついなあ。東大の駒場《こまば》寮よりきついんじゃないか」というような感じのものでした。

そして、「給料は半分だぞ。それで四畳半で二人だって、このプライバシーのなさはきついよ」と言っていました。「それは君が努力を怠《おこた》ったせいであって、しかたがない。給料の高いところを探さなかったのが悪いだろう」という話もしました。

一定の年数をかけないと、いろいろなことが分かるようにならない

世の中は厳しいものです。

だから、そんなに急には偉くはなれないもので、それも、でも、正しいのです。一定年数を置いて経験をいろいろさせないと、「ある程度できるかなあ」と思っても、思わぬところで知らないことがあって、〝チョンボ〟が出るのです。そういうことをなくしていくためには一定の年数をかけないとならず、いろいろなことが分かるようにならないのです。

担当部署のところだけ分かっていても、会社の業務全体は分かってはいないから、外からかかってきた電話とか応対とかで失敗したりすることもあるし、外部に出て他の会社の人と会っていて、思わぬことを言ってしまって失敗したりすることはいっぱいあるのです。

だから、すぐに上げないのには上げないなりの理由がやはりあって、まずは、「シンプルな仕事を、ミスの少なそうな仕事を、繰り返しやる」というのをやらせるのです。それから、だんだん上げていくのです。

アメリカとかでは、そういうのを嫌《いや》がる傾向《けいこう》は昔からあって、最初から、身分制みたいに、学歴別に職種が違うみたいなのがあるけれども、日本は、わりあい工場のヒラからでも社長になれるのです。ヒラの工場作業員からでもなれるし、場合によっては、警備員で入った人が社長になったりするようなケースもないわけではないので、日本のそういうところが、ドラッカー先生がほめているところではあるのです。

そういうところで、「あまり早く出来上がった人は学びが少なくなる」ということは知っておいたほうがいいと思います。

出来上がりすぎると、智慧《ちえ》を教えてくれなくなるのです。

実際、自分がその立場になったら分かると思うけれども、教えられないのです。「すごくプライドが高くて、何か言うと、すぐ〝オコゼ〟になるか、怒ったり反発したりする」と思ったら、なかなか怒れないので、そういうことがあって、教えてやれないことがあります。

だから、「こんな基本的なことを言うと、こいつ、オコゼになって怒るのかなあ」と思うと、怒れなくなったりして、怒れないで放置しておくと、本人は知らないことがあって、ほかのところで恥《はじ》をかいたり、外部で恥をかいたりするようなことがあるわけです。

教え切れないこともあります。文化体験として知らないこともあるからです。

北京《ペキン》ダックの食べ方を知らず大恥《おおはじ》をかいた経験

昔、言ったことがあるけれども、(商社時代に)ニューヨークで、生まれて初めて、私は北京《ペキン》ダックというものを中華街《ちゅうかがい》で食べました（『ファッション・センスの磨き方』〔幸福の科学出版刊〕参照）。すごくおいしかったのを覚えています。

しかし、一年前にニューヨークに行ったときに、中華街に行って北京ダックを食べたら、今度はうまくないのです。「有名な店だ」というので連れていかれたら、何か皮が厚くて、「この北京ダック、うまくないな」と思いました。こちらも舌が肥えており、だから経験が増えているわけです。

やはり、その後、三、四十年、人生を生きていくと、いろいろなところで、ホテルとかで食べてきているから、舌が肥えている。だから、「こんな厚い生地《きじ》で巻いた北京ダックなんか、これ、二流だな」というような感じになっています。

しかし、当時はそんなものは分かりません。北京ダックなるものを食べたことがないから、何か知らないけれども、蒸《む》した皮をいっぱい上げてきて、あと、キュウリを切った細いのもいっぱいあって、味噌《みそ》をついで、それと、〝カモ〟の皮だけを削《そ》いで置いていっているのです。

「これ、肉をなんで置いていかないんだろう。肉が食べたいのに、肉を下げていく。肉が下がった。皮だけを置いていった。この人、おかしいのではないか」と思いました。「肉を食べるものでしょう?」と。

(両手で蓋《ふた》の形をつくり)こんなのを出してきて、パカッと開けて、本当に皮は丁寧《ていねい》に削いで、そして、食べられる肉が出てきた。これを当然切り分けて置くかと思ったら、それはスッと持っていったので、「あの肉はどうするんだろう?」と、こちらは不思議に思ったけれども、皮だけを置いていきました。

そして、知らないから、適当に味噌を付けながら食べていたのです。

それは、今はなき北海道拓殖《たくしょく》銀行という銀行があって、そことの何か若手の遊びというか、ニューヨークでの懇親会《こんしんかい》でのことでした。若手の人、独身ぐらいの人たちだったと思うけれども、今はなき拓銀です。もう潰《つぶ》れて、ないけれども、そこと懇親会をやったのです。

そこで、私は、「北京ダック、けっこういけますよ。こうやって、どうぞ食べてください」と言うと、向こうは（驚いたような表情を）していたけれども、さすが銀行のほうもやはりこちらに恥《はじ》をかかせてはいけないから、「ああ、はい、そうですねえ。そうですねえ」と言いながら、たどたどしい手つきで食べているようなふりをしていました。

具材を巻いて食べるのを知らなかった私がバラバラに食べていたのを見られ、大恥をかいたのですけれども、そこまで先輩たちも教えてくれません。なかなか全食事について食べ方を教えてはくれない。フォークとナイフの使い方ぐらいは分かるのですが。

でも、スープとかでは、やはり怒られました。スープを音を出して飲んだら、「おまえなあ、外国に来たら、スープは音を出して飲んじゃ駄目なんだ」と言われ、それでガンガン言われ怒られたから、もう、小さくなってしまって、「ああ、知らなかった。スープは音を出してはいけないんだ」と思いました。

それで、先輩の家にご飯《はん》に呼ばれてお昼に行ったらラーメンが出てきたので、ラーメンを、音を出さないで、そろそろと食べていたら、「おまえなあ、ラーメンは音を立てて食べるもんだ。知らないのか。音を出さないと、まずく感じるだろうが。せっかく人が呼んでラーメンを食べさせているんだから、ズルズルと食べろ」と言われました。

「先輩、この前、『音を立てるな』って言ったじゃないですか」と言うと、「それはスープだ。これはラーメンだ。ラーメンは音を立てるんだ。スープは音を立てちゃいけないんだ。流儀《りゅうぎ》が違うんだ」と言われ、「そんな難しいことを私に言っても分からないので、立てないなら立てない、立てるなら立てる、どっちかにしてください。一緒じゃないですか、腹のなかに入ったら」と言ったのですが、

「それが分からんようでは、もう人間じゃない」ということで、「バカだよ」とずいぶん言われたものです。

4　多くの「味方」を得るための心構え

自我を抑《おさ》える訓練をしないと、学ぶことが少なくなる

そういうことは、社会人二年目、三年目になっても、まだまだ出てくるのです。知らないことはいっぱいあるので、まだ今だってあると私も思いますけれども、ほかの人にもいっぱいあると思います。三十歳《さい》ぐらいまでは、知らないことも、たくさん、たくさん、本当はあるのです。

だから、立場上、早く上がったりするようなこともあろうかと思うけれども、「実際、知らないことがいっぱいある」と思って、謙虚《けんきょ》なところは残しておかないと、「恥《はじ》をかきますよ、教えてくれませんよ」ということです。

「学校の勉強とかでは自分より頭が悪い」と思っている人が上にいるかもしれないけれども、やはり、十年、二十年、三十年という年数で、いろいろな経験を通してきているから、いざというときに、「これは危ないですよ」とか「気をつけましょう」とか言ってくれることがあるので、それをバカにしてはいけないのです。そういう智慧《ちえ》はやはり、「そこまで生きた」ということは、それは、何らかの長所があったから生き残っているわけで、教えてくれるのです。

だから、あまり、貴族制社会みたいなのを自分で勝手に決め込《こ》んだり、あまり偏差値《へんさち》社会みたいなので世の中を見たりすべきではないと思います。それは、本当にもう、伸《の》び悩《なや》む結果に必ず終わります。つらいかもしれないけれども、やはり自我を抑《おさ》える訓練はしたほうがいい。そうしないと、要するに学ぶことが少なくなるのです。

「謙虚であれ」というのは、別に、「おまえの値打ちを下げろ」というふうに言っているわけではないのです。「あなたの値打ちはもっと低いぞ」と言われているわけではなくて、謙虚でないと入ってこないのです。

満腹した人には、もう、「食べろ」と言っても食べられないのと一緒《いっしょ》でして、「自分はもう出来上がっている」と思っている人は、もう、言っても駄目《だめ》なのです。もう、聞く耳を持っていないので、まったく聞かないのです。だから、教えても伝わらないのです。

ときどき、「かわいげのある人間になりなさい」と言っていますけれども、「かわいげ」があると、失敗しそうなときとか、やはり言ってくれる。上司が言ってくれる場合もあるし、同僚《どうりょう》が言ってくれることもあるし、後輩《こうはい》が言ってくれることもあります。

それから、女性で世話焼きの人たちは、ちゃんと言ってくれたりすることもあるので、そのかわいげのところは持っておいたほうがいいのです。どんなに頭がいいか、どんな資格を持っているか知らないけれども、「そういうところを持っていないと、人は教えてくれないんですよ」ということです。

寮《りょう》の管理人に「真面目《まじめ》なところを見ている人は必ずいる」と励《はげ》まされた

逆に、人間味とか人情味があると、思わぬところから助けてくれる人もあるのです。それを本当に私も経験しました。

最初に、千葉の、今、当会の雌伏館《しふくかん》になっている寮《りょう》、あそこに入っていましたけれども、学生時代に本をたくさん持っていたので、ちょっと、商社のほかの人たちに比べると、部屋はやたら本だらけで、もういっぱいいっぱいでした。

寮の管理人に老夫妻がいました。外国に行くときに、普通《ふつう》は、荷物は倉庫に預けていかなくてはいけないのですけれども、（私の場合は）本が多いので、この本を倉庫に預けるとかなり傷《いた》むのです。寮は、全室が埋《う》まってはいないので、

「本を倉庫に預けるのは、ちょっと僕《ぼく》、困るんだけどなあ。倉庫だと、そうとう傷みが激しくなるから」というようなことをちょっと思ったら、管理人が一生懸《いっしょうけん》命《めい》、会社の総務部に交渉《こうしょう》してくれているのです。

「なんせ東大の法科ですからね。勉強しているんですよ。ものすごい本を持ってるんだからね。ほかの人と一緒にしちゃ困るんですよ。部屋は空《あ》いてるんですからね。こちらのほうで管理しときますから、一室確保しときますよ」と言っていました。

だから、私は住人ではないのに、一年間、本をキープしてもらった。部屋はちょっと移したかもしれないけれども、キープしていただいた。本当は、五千円か何か知らないけれども、いちおう家賃を払《はら》わないといけないはずなのです。払わずにいるのにキープしてくれたりして、意外な人が味方してくれることもあったりしました。

あとは、帰ってきてからあと、ちょっと威張《いば》って見えるのか知らないけれども、いじめも少し受けて、ちょっとショボンとしていたりしたら、おばさんが出てきて、「あのねえ、世の中にはね、あんたのことを悪く言う人もいるかもしらんけれども、ちゃーんと見てくれてる人が必ずいるんだよ。どこにいても必ずいるんで、ちゃんと真面目《まじめ》にやってるところを見ている人は必ずいるから、みんなが悪い人だと思っちゃいけないですよ」とか言って励《はげ》ましてくれたりしました。

その寮の管理人ご夫妻がどんな経歴の人なのか私は知らないので、退職した人なのか、よそから雇《やと》った人なのかも知らないけれども、そのおばさんは、名古屋《なごや》のおばさん（社員寮の寮母）ではないのです。名古屋のほうの話はよくしましたけれども、これは千葉の人です。その人が励ましてくれたりしていました。

たまに私が珍《めずら》しくゴルフのクラブを持って出たことがあります。「打ちっぱなし」が近所にあったから、「打ちっぱなし」にクラブを提《さ》げて行ったら、「よっ。

ミスター・ニューヨーク」とか何か言って声をかけてくれたりしました。

おばさんのファンが私には昔からよくできるのですけれども、おばさんのファンが「ミスター・ニューヨーク」とか言って声をかけてくれたりして、よくかばってくれていました。

だから、いろいろと悪口が流れてきて、会社の人事とか総務から問い合わせが来て、「おい、変な人なのか?」と言われても、「いや、そんなことありません! それはもう立派な方です」と千葉のほうの人も言ってくれました。また、名古屋のほうだって、寮母さんが四人ぐらいいたけれども、何かいろいろな人が調査しているらしくて、結婚《けっこん》の調査まで来る人もいて、「どんな人ですか?」と聞き合わせに来ても、「それはもう、婿《むこ》さんにするには、たぶんもうこれ以上の人はいないですよ」などと一生懸命言って宣伝してくれたりして、いろいろな人がけっこう助けてくれたりもするものでした。

実社会に出たら、〝世間《せけん》という書物〟を読まなければいけない

人間というのは、やはり仕事ができてもいいのだろうけれども、仕事ができるだけでも駄目だし、学歴も立派だったら偉《えら》いのかもしれないけれども、それだけでも駄目なのです。それだけでもなくて、人間として人情の機微《きび》というか、人の気持ちが分からないと——人の気持ちが分かったり、人がこちらの気持ちを分かってくれていることを理解する気持ちがないと駄目なのです。

やはり、このへんがみんな弱いなと思います。だから、「エリートだけれども嫌《きら》われる」という人はいっぱい出てくるので、このへんはもうちょっと人間味が要《い》るのです。

勉強したら人間味がなくなっていくというのは、よくある話なのです。それはそのとおりですし、法律なども勉強して、司法試験の勉強も長年する人はいます

から、やっているうちにだんだん感性がスーッと消えていって、「消しゴムで消すみたいに感性が消えていく」とよく言っています。

今はちょっと違《ちが》うのですが、昔の司法試験の合格率は一・何パーセントというぐらいの難しさだったので、だいたい六十何人ぐらい受けて一人ぐらいしか受からないほどでした。大学を卒業して司法試験浪人《ろうにん》をしているのは、たぶん二万人以上はいて、三万人ぐらい受けていました。

その当時、中央大学だと聞いて、「中央大学の人は百人も受かるからすごいじゃないか」と中央大生に言ったら、「何を言っているんだ。中央大学の法学部の卒業生で、司法試験浪人が六千人いるのを知っているのか。六千人が毎年受けているんだぞ」と言われて、「ああ、それは大変だ（笑）。六千人も受けたら、それは百人ぐらいは受かるだろうな。六十倍だ。それでちょうど平均とぴったり合っているな」と思いました。だいたい平均九年、勉強しないと受からないので、受かるまでに三十歳近くになってはいました。

やっている間にだんだん人間性が失われて、法律ばかりやっているうちに、社会のことが分からなくなって、テレビも観《み》ないし、週刊誌も読まないし、新聞も本当はあまり読まなくなっていって、試験で受かることばかりやっています。

そういう人は、裁判官になったり弁護士などをやったりしても、実は本当はおかしいのです。そういうドラマもちょっとやっていますけれども、裁判官が常識がないというもので、検事の調書をそのまま鵜呑《うの》みにして判決して、「九十九・九パーセント有罪にする」とか言っていますが、こんなふうに、進学校から東大を出て裁判官になった人などに、常識がない人は本当にいっぱいいると思います。私が知っている人にもいっぱいいます。本当に書面だけで判断しているけれども、知らないのです。本当に知らないので、何も知らない人はいっぱいいらっしゃるのです。

弁護士であっても、要するに世の中の騒動《そうどう》、喧嘩《けんか》を、なかに入って、代わりに法律的にやって、お金を取ってきてくれるか、取られるかの話をする人ですから、「世間解《せけんげ》」が要るわけです。世間常識がないと、弁護士だってできやしない。受かるには秀才《しゅうさい》でなければいけないのだけれども、受かったあとは、実はそれだけではやれないのです。

ですから、人の気持ちが分からないとできないのです。その勉強を怠《おこた》っているのです。

実は、長い間、学校の勉強をやったり試験勉強をやったりしていると、この「人間勉強」というか「世間の勉強」は後《おく》れてしまうのです。実際は普通の人よりも社会的に大人になるのが遅《おそ》くなって、何年か遅《おく》れている。あるいは十年遅れている人がいっぱいいるのです。だから、「いい年になってまだ子供」という人がいっぱいいるのです。こういう人たちがいろいろなことをやっているわけです。

前にも、三十幾《いく》つになって、桜蔭《おういん》から東大法学部を出て裁判官になっている人もいました。三十何歳だけれども、その同級生が言うには、「男と付き合ったことはたぶんないはずだ」と言っていたのです。まったく男性など知らない人が離婚《りこん》裁判とかをやったりしているので、「これは大変だろうね。分かるのかなあ。本当に言っていることが分かっているかなあ」ということでした。付き合ったこともないというような人が裁判官をやっているのです。いや、けっこう厳しいでしょう。

だから、実社会に出たら、〝世間という書物〟を読まなければいけないのです。〝世間という書物〟は──もちろん家のなかにいてもいろいろな勉強はできますけれども──外に出て、いろいろな職業の人とか、いろいろな階層の人や男女の差、年齢《ねんれい》の差を見分けて、いろいろな人から学び取っていく気持ちを持たないと、学べないのです。〝世間という書物〟から学ぶことは難しいので、そういうことを、やはりいつも考えておかなければならないということです。このへんは、よく言っておきたいのです。

早くから「天才」といわれても「凡人《ぼんじん》」の自覚をしたほうがよい

私は、「若いころ、あまり天才といわれる人は気をつけたほうがいい」と思います。特に「怖《こわ》いな、怖いな」と思います。早く才能が出るところほど怖いでしょう。

将棋《しょうぎ》だったら、藤井《ふじい》四段（説法当時）などは十五歳でもう天才といわれているけれども、大変です。高校に行けるかどうかも分からないし、行っても中退になるかもしれません。羽生竜王《はぶりゅうおう》みたいな永世名人《えいせいめいじん》、七冠《かん》あたりの方でも、高校に入って、やはり授業に出られないからとうとう中退に追い込まれ、通信制に切り替《か》えたというような話ではあります。彼がどうなるか知りませんが、そういう人は、やはり早いうちに認められても、なかなかあとでついていかないところがいっぱいあるのです。将棋に使った時間はあるけれども、ほかの時間ができていないから、世間的には、実は同年代の人より後れているところが当然出てくるのです。

タイトルを取って偉くなったりしたら、当然ながら、「サインを下さい」というあたりから、「ちょっとインタビューをお願いします」といろいろ来る。それから、いろいろな相談事が来たりとかし始めたりするけれども、トンチンカンなことを言って恥をかくようなことがあるので、みんな水面下で努力しないと大恥をかく。これは、横綱《よこづな》たちもそうだし、ほかの人もみんなそうなのです。

歌手とかタレントでも、そういうところはあるでしょう。勉強はあまりしていないで、何かの才能で認められても足りないところはあるから、足りないところは、自分の知名度が上がって大勢のファンを持って、知られてくればくるほど、水面下で努力してほかのことも勉強していかないと、どこかで馬脚《ばきゃく》を露《あらわ》してしまうわけです。

いろいろなことに使えるから、ちょっとワイドショーに出て、いろいろな人と話をしてもらおうかといってさせたら、「えっ？　そんな中学生でも知っているようなことを知らないの？」みたいなことを言われるようなことが出てくるわけです。怠るとそういうことに必ずなるのです。

そういうことは、別に高学歴でも一緒です。東大の法学部でも医学部でも同じなのですけれども、知らないことはいっぱいあるのです。自分の専門知識を持っていても、それ以外を知らない人はいっぱいいるので、これを埋めないかぎり埋まりません。

それは、謙虚であったほうがいいと思います。「天才」と人が言ってくれるかもしれないけれども、「できるだけあとのほうで言っていただきたいな」という気持ちを持っておいたほうがいいと思います。十分に世間的に成功して、十分に稼《かせ》がせていただいて、「もう引退してもいいのにな」と思うぐらいになって、ちょっとぼちぼち言ってくれるぐらいがありがたいぐらいかなというふうに思います。私はそんな感じで思っています。

凡人《ぼんじん》との差はそんなにないし、凡人以下のところは天才にもいっぱいあります。天才と思われるような、何かについてすごく才能があったり、お金儲《かねもう》けがうまかったり、何かの仕事がすごくできたりするような人でも、ほかのことはまったくできないというような人はいっぱいいる。車の下へ潜《もぐ》って故障を直すのにかけてはよくできるという本田宗一郎《ほんだそういちろう》みたいな人もいるけれども、できないものはまったくできないですから、本当に、まったく分からないのです。そのへんのところを知っておいたほうがいいし、足りないところを埋めてくれる人――そういう相談役や参謀《さんぼう》を持っていないと、人生で失敗する可能性は大きいのです。

特に、会社などをつくりますと、会社というものはいろいろなものや人とつながっていますので、世間一般《いっぱん》、全体に通じるものを持っていないと、やはり駄目になります。

そういう公式ルートの教科書とか外に出ているものでは載《の》っていないような、「非公式の情報」みたいなものをいろいろ知っていないといけないことも多いわけです。そういう、いろいろな人から教えてもらうことがけっこう大事なのだということを知っておいてほしいのです。

だから、凡人だと思っているほうが、やはりむしろずっといいでしょう。頑張《がんば》れば、「ある点については、ちょっと多少頑張ったし、まあ、自信はある」「この点については、少なくとも日本では一流まで行ったかな」とか思うようなところまで行くことはあると思うのですが、それ以外のところではそうでないことはやはり十分に自覚したほうがいいわけです。

特に、高学歴になって専門知識が高度になってくると、専攻《せんこう》する範囲《はんい》がすごく狭《せま》くなってくるのです。すごく狭くなってくるので、頭はすごくよかったはずの人が、まったく何も知らない人のように見えることがあるのです。

当会にもちょっといますが、宇宙からときどき来る素粒子《そりゅうし》をつかまえるために、カミオカンデみたいなところに潜《もぐ》って、山のなかで何年も過ごしているような人は、もう世間から完全に隔絶《かくぜつ》された生活をしていますから、それは怖いのです。気をつけないと、本当にどこかで補わないと、「世間で何が起きてるんですか？」となります。

まあ、外国でも、そういうことをやっている人もいらっしゃいますけれども、そういう人は優秀なのです。すごく優秀ではあるのです。

また、すごく勉強ができて、東大の理Ⅰなどから宇宙工学に行って、種子島《たねがしま》へ行って宇宙ロケットを打ち上げているような人も、先輩とかにいました。ロケットを打ち上げている、ここだけについては専門なのでしょう。さらに、そのロケットのなかの〝ここの専門〟という人がいるのです。それについては知っているのですが、いや、気をつけないと、それ以外については本当にもう全然、「何もしゃべらないほうがいいですよ」というような方がたくさんいらっしゃるのです。だから、天才はありえるのです。天才はありえるのですけれども、ほかのところがすごく欠けていることがあるのです。それは知っておいたほうがいいし、そのへんの切り替え――「自分の専門や成功したところ以外のところについては、普通の人と何ら変わらないし、劣《おと》っているかもしれないんだ」という気持ちをちゃんと持って、「ほかの人に学ぶ」という気持ちは持ったほうがいいと思います。

5　ヒットを打ち続けるための秘訣《ひけつ》

「とにかく一塁《るい》に出る安打」を重ねていく気持ちが大事

私などはもう三十数年ずっと仕事はしていますけれども、やはり、そんな大騒《おおさわ》ぎになるような大ヒットというか、大ホームランとか、満塁《まんるい》ホームランとかを打ったことはないと自分では思っています。

いつも、安打、塁に出ることしか考えていないぐらいのものしかやっていないのです。まあ、世間《せけん》様はどう思っているのかは知りませんが、ただただ延々と、イチローみたいに一塁打、出塁《しゅつるい》です。

「本当だったらアウトになるところを、左バッターボックスに入って、足が速いためにセーフになっている」というのが、イチローの場合はすごく多いのです。何割かはそれです。それでも出塁記録をつくっていますけれども、私なども気持ちはちょっとそれに似たようなところがあって、「とにかく一塁に出るぐらいの安打を重ねていかなければ」と思っています。やっているうちにプロとして一流になるかもしれないけれども、「まだまだこんなものでは」という気持ちはいつも持っています。だから、〝全打席ホームラン〟みたいなことなどまったく考えてもいないのです。その意味では、自分に厳しくあるところはあります。

だから、成功したときに、それをものすごい手柄《てがら》に思って考えたりしすぎる人は、あとが危ないと思って間違《まちが》いないと思うし、失敗したときに、「もうこれで何もかも終わりだ」「世の中もう全部終わりだ」と思うような人も、いや、これも甘《あま》い。「甘い考えですなあ」とやはり言わざるをえないのです。

世の中、例えば資格試験みたいなものはいくらでも山のようにありますが、どれであっても、受けてみな受かるわけではないのです。受からないものはたくさんあります。受けても受からないものはいっぱいあるのです。それは向き・不向きはありますから、受けても受からないものは、それはたくさんあると思います。

人は「自分の強み」で戦うべきであって、強みで戦って得た成果について社会貢献《こうけん》していくべきです。それ相応の自己評価はしてもいいかもしれないけれども、自分の強みでないところについてまで、「全部優《すぐ》れている人間だ」というふうに思ったら間違いです。

「波状攻撃《こうげき》の理論」——大波にしすぎず、少しずつ波をつくり続けて仕事の実績を大きくしていく

それから、人に合わせていても、裏表《うらおもて》があって合わせてやっているようなつもりで、人をうまく裏返して扱《あつか》っているように本人は思っていても、世の中の人は、

霊能者《れいのうしゃ》でなくても多少の霊感があるのです。多少、霊感があって、「自分に不利なこととか、何かいかさま師みたいなトランプとか花札みたいなものを、やっているんじゃないか」みたいな感じのものは、直感的に何となく分かるのです。

だから、仕事をやっていたり、付き合っていても、「こいつ、何かズルしてる」とか「何か嘘《うそ》を言っている。裏があるな」というのは、何となく分かるのです。何となく分かってきて、気配《けはい》で何となく「こいつ、嫌《いや》なやつかも」とか「腹黒いかも」とか、何か分かるので、人を騙《だま》してごまかせると思ったら駄目《だめ》です。

やはり、正直な自分で、うぬぼれすぎず、自己卑下《ひげ》しすぎずに、駒《こま》を進めていく努力をしたほうがいいと思います。

私なども、自己イメージをしたら、いつも海岸に打ち寄せてくる波みたいなもので、次から次へと波をいつも海岸に押《お》し寄せていっているのですけれども、「どうも、防波堤《ぼうはてい》は越《こ》えられないなあ」ということで、自分の自己イメージはそんな感じです。波はずっといつも押し寄せていっているのですが、いつも押し返されて戻《もど》っていて、もう一回行っては、また押し返されて、もう一回やって押し返されて、「防波堤を越えられないなあ。津波《つなみ》にはならない」という感じはずっと思っています。

しかし、おかげさまで長く仕事をさせていただいています。

これは私の成功理論のなかにもあるのだけれども、「波状攻撃《こうげき》の理論」というのがあります。

人は、あまり一発、大きな成功をしすぎると、あと、失敗する可能性が極《きわ》めて高くなるのです。いろいろなもので人気が出る人もいるけれども、人気がものすごく出すぎた場合は、もう、すぐ忘れられていくのも、ものすごい速度で消えていくのです。

だから、心して「あまりピークをつくらないようにすること」も一つの成功の理論なのです。「波状攻撃の理論」といって、波はちょっとはつくるのですが、あまり大波にしすぎないで、次の波を考え、またその次の波を考え、少しずつ来年、再来年、その先にやることを考えて、ちょっとずつちょっとずつ波をつくっていく。これを続けていくうちに、だんだん仕事の実績は大きくなっていくのです。これが分からない人が多いのです。

「一時の成功で消える人」にならないためには

それと、もう一点言っておかないといけないと思うのは、やはり「質と量の関係」なのです。

若くして成功を収めたと思っている人や、収めたいと思っている人は、いわゆる、ここぞとばかりに一発、本塁打を打ちたいタイプなのです。

それは、「ここで本塁打が出れば、大スターになって歴史に遺《のこ》る」みたいなところで打てたら、本当にすごいと思います。天覧試合で、天皇が来ているときに一発ホームランを打てるというのはすごい。サヨナラ満塁ホームランなど打ったら、もう歴史に遺ります。それはそうです。

しかし、そんなものは何度もはない。二度はない。二度はほぼないのです。「木の切り株に頭をぶつけて死んだウサギ」がいたからといって、その切り株のところでずっと待っている農夫みたいになってしまうといけません。そういうことは二度はないものです。

だから、何かでパッとすごい人気が出ても、消える人のほうがほとんどなのです。成功している人ばかり見ては駄目で、消える人がいっぱいいることをよく見ておいたほうがいい。なぜ消えるのかを、よく見たほうがいい。

やはり、全部出し尽《つ》くして、使い尽くして、消費され尽くして、終わっていくのです。

「消費」というのは、作家などでもそれは消費されていきますし、芸能人でも消費されていきます。ギャグタレントをやっていてもヒットするときはありますが、翌年《よくねん》はどうですか。「ピコ太郎《たろう》」だってヒットしたけれども、さあ、翌年は、その翌年は――。分からない。

昔は「ギター侍《ざむらい》」などという人もいました。某《ぼう》宗教絡《がら》みの方でしたが、「意外に頑張《がんば》っているな。ニューヨークまで行って、まだギターを弾《ひ》いている」と思ったけれども、やはり三年以上はもちませんでした。

それから、パンツ一丁《ちょう》になって、水泳の海パンをはいて、冬でも裸《はだか》でやっているような人もいたけれども、いつまでこれが続くかなというと、やはりそれはいつまでもは続かないでしょう。

それは「一点突破《とっぱ》」でやろうとしている。デビューして最初に人に知られるには、それはあるかもしれないけれども、やはり次、その次と、考えなければ駄目なのです。そういうことをやはり考えておくことが大事です。

失敗のなかにある成功の種を見いだせ――「常勝思考《じょうしょうしこう》」の教え

そういうわけで、成功ばかり考えてはいけないのです。新しいチャレンジをするかぎり、必ず失敗は出るのです。

失敗が出たときに、その失敗でふてくされたり、「もうやめた」とか「人間やめた」とか言いたくなるときがあるし、自殺したくなることもあるかもしれないけれども、そんなに単純であってはいけないのです。

失敗のなかには、必ず成功の種があるのです。これは「常勝思考《じょうしょうしこう》」で教えていることですけれども、失敗のなかにある成功の種を見いだすことができたら、次の成功をつくり出すことができるのです。

だから、私は、「失敗したことがない」という人はどうしても信じることはできないのです。

それは、ほかの人もそういうふうに言っている人がいますけれども、会社の社長とかに据《す》えるのは――まあ、大きな会社でもそうですけれども――「失敗したことがない人は社長に据えたら駄目だ」と、やはり言われています。

それは、危ないのです。とっても危ない。「失敗したことがない」という人は、要するにリスクのあることを全部避《さ》けて通って、自分はリスクを取らないで逃《に》げてきた人であるか、そうでなかったら、いつも安全地帯にいて、そういう、みんながやっている苦労とか、挑戦《ちょうせん》しているのを分からない人なのだということです。そういう人は、やはりいます。

その一方で今は辞《や》めていますが、昔、当会の財務にいた人で、(出家前に)某銀行にいた方は、ちょっと体も大きくて、喧嘩《けんか》が強そうなタイプの、〝戦争用〟の人でしたけれども、銀行もさるもので、ちゃんと〝泥《どろ》んこ〟のところばかりに、その人を放り込《こ》んだのです。要するに「もうガタガタになっているような支店などに、いつも投入された」「東大や京大あたりを出て、ちょっといいコースを走っている人たちは、そういうふうなところへ行かないように〝安全コース〟を回らせてやって、自分がいつも〝泥んこ〟のところに放り込まれました」（両掌で頭を押さえながら）「おかげであるべきものがなくなりました」などと言っていました。

（企業は人材の）そういう使い方、使い分けをするところはあるのでしょう。だから、失敗したことをあまり自慢《じまん》してはいけないけれども、「失敗しなかったことはすごい」ということではない。まあ、役所ではよく言われるけれども、減点主義だから「失敗しなければいい」と言うし、それは受験もその傾向《けいこう》はあるけれども、それではいけないのです。

失敗しても、それを逆転していくというか、それが大事なところです。失敗のなかから学んで、次の仕事の種を考えついていくこと、これが大事なことなのです。

何度も何度もやって失敗する。それでいいのです。たまに成功するものもあると思うのだけれども、失敗して悔《くや》しい思いを持っていれば、人は完全燃焼して終わってしまわないのです。

どこかでそれをまだ「逆転したいな」という気持ちが残っているから勉強を続けることができるので、それを大事にしていただきたいと思っています。

親の年収がよいのに子供の学歴が親より下がる理由

競争は激しいのです。私も思ったように、自分ぐらいの地頭の人は日本には百二十万人はいるなと思えば、このなかで認められるというのはそれはもう大変なことです。

それに、どこまで当たっているか知りませんが、統計によれば、親父《おやじ》の年収が一千二百万円を超《こ》えると子供の学歴は必ず親より下がるという法則もあるそうです。まあ、恐《おそ》ろしいので、嘘か本当か分かりません。私が統計をつくったわけではないから、それは分かりませんが、まあ、気持ちはちょっと分かる。要するに、一千二百万以上というのは、上場企業《きぎょう》の部長以上ぐらいの感じでしょうか。そのくらいの出世でしょう。だいたい親は高学歴で、ある程度成功したという感覚を持っている人でしょう。

そうすると、ほかより暮らし向きがちょっとよくなって、ほかの人が苦労してやるようなところを、もうちょっと楽なコースを考えたり、いい手を考えたり、塾《じゅく》とか家庭教師とか、いろいろと方法を子供に教えてくれたりして、ちょっと子供も楽をしてやるのですが、どこかで、要するに自力が足りないために逆転が起きてくるのです。どこかで（他の人たちに）追いつかれてきて、マラソンみたいに引っ繰《く》り返されてくる。だから、子供のほうが下がってくると言われています。

商社などでもそう言われました。やはり海外勤務が長くなることが多いので、「商社マンの息子《むすこ》は、親が入った会社に入れない」とだいたい言われていました。海外へ何年も行くとたいてい学力が落ちるのです。親父《おやじ》がだいたい一流大学を出ていますが、海外に回されていると、子供はそこに入れないのです。

（赴任先が）先進国でも、日本の学校の試験を受けるにはやはり不利でしょう。もしアメリカやイギリス、ドイツみたいなところでいたとしても、やはり日本の学校を受ければちょっと不利でしょう。親の学校に行けないので、親のいる会社には入れないと、だいたい言われていました。まあ、だいたいそんなようなところです。

あと、「三人以上、子供をつくったら、部長以上まで出世しないかぎりは自滅《じめつ》することになる」ということもよく聞かされました。二人がもう限度で、それ以上いたら、度重《たびかさ》なる引っ越しと海外勤務で、とうてい耐《た》えることはできず、もう自滅、〝首吊《くびつ》り〟につながるというようなことは言われていました。

だから、商社の場合ですけれども、子供は二人以内で、親より学歴はたいていの場合は下がると思っておいたらいい。まあ、英語がちょっとできるぐらいにはなることはありますが、親より下がることになる。そのくらいのことは知っておかないと、それを真顔で「おまえはなんでできないんだー！」などと怒《おこ》ったりすると、金属バットで殴《なぐ》り殺されることになる。そのくらいのことは知っておいたほうがいい——というようなことは、よく言われていることではありました。

「平凡《へいぼん》からの出発」や「常勝思考《じょうしょうしこう》」の考え方は今でも生きている

何が言いたいのか分かりにくいかもしれませんけれども、私が言いたいのは「『平凡《へいぼん》からの出発』ということを言いましたが、いまだにこれは生きていますよ」ということです。

『常勝思考《じょうしょう》』（幸福の科学出版刊）を書いたときも三十二歳《さい》でした。八九年ぐらいに三十二歳で『常勝思考』を出しました。また、『現代成功哲学《てつがく》』という本を出したのも、立宗《りっしゅう》から三年目ぐらいだったような気がするのです。（この本は改題して）今は『成功の法』（幸福の科学出版刊）になっていますが、二年か三年ぐらいで書いていますので、ちょっと生意気《なまいき》すぎることではあるのです。

それでも、考え方は、十分使えるものは今でも入っていると思うのです。

私は自分だけではなくて、ほかの人たちのこともよく見ていました。どういうふうになるのか、縁起《えんぎ》の理法《りほう》をよく見ていたのです。だから、「失敗に学ぶ人はやはり大きくなる」ということは必ず言えるのです。

強みに賭《か》けてやった場合は成功することは多いけれども、必ず弱いところはあるので失敗は出ます。そのときに、やはりその部分を無駄にしないで、何らか自分の未来に役立てようとすることです。

6 「常勝思考《じょうしょう》の精神」を大事にし、簡単に出来上がらない

過去の栄光を自慢《じまん》することは実に恥《は》ずかしいこと

そして、やはり人に対する態度も、自分自身、人間として成長していかなければ駄目《だめ》です。学校の勉強ができたとしても、要するに「大人になれない人」がいっぱいいるのです。そういう人たちはやはり駄目です。基本的に駄目なのです。「勉強ができたのに……」と言っているけれども、勉強ができたからこそ駄目になっている人がいっぱいいるのです。

「私は昔、四谷大塚《よつやおおつか》で何番だった」とか「私はＳＡＰＩＸ《サピックス》で何番だった」とか、こんなのを、会社にいて十年もたって二十年もたっている人が言っているのを聞

いたら、もう本当、みんな腹を抱《かか》えて笑っているのです。「あいつバカじゃないか」「おい、こいつバカじゃないか。十歳《さい》、十一歳、十二歳のころ、賢《かしこ》かったんだってさ」「模試で一番取ったことがあるんだって。週例テストとかで一番取ったことがあるんだって」とか「SAPIXというところで、数学で満点取ったことがあるんだって。算数で満点取ったことがあるんだったって。バカじゃない?」「今、計算間違《まちが》いしているのを直してくれよ」と、やはり言いたくはなるという、まあ、その世界です。

まあ、だいたいそうなのです。だから、自慢《じまん》話をしていて、みんなが尊敬してくれるかなと思ったら大間違いです。

あと、年を取って、もう三十になったり四十になったり五十になって学歴自慢したり、そういうテストの自慢をしたりしている人は、だいたい成功していないから自慢するのです。もう、はっきり言えばそういうことです。今やっている仕事で成功していれば、そんなことは言えやしないのです。黙《だま》っています。

けれども、それを持ち出してくる人は、だいたいもう駄目なのです。過去に生きているのです。「過去に栄光があった」ということを一生懸命《いっしょうけんめい》言っている。「あのなあ、二十年前のオリンピックで優勝してな」というようなことを言っているような、そんな人です。ちょっとそんな感じなので、「もういいです。今はもう結構ですから。現役《げんえき》引退しているんでしょう？　もう結構ですから」と言われているようなものなのです。恥《は》ずかしいことです。

だから、そういうのを持ち出さないといけないようになるというのは、実に恥ずかしいことなのだということを知ったほうがいいのです。

人によっては、もう自分の親の自慢が、その前のまた、祖父《じい》ちゃんの自慢から曾祖父《ひいじい》ちゃんの自慢までする人までいて、これはもう参りました。私も友達にいました。

友達が「家に遊びに来い」と言うから行ったけれども、向こうが出てきたら、「明治時代に曾祖父ちゃんが東京帝国大学《ていこく》の法科を卒業した、その証書がある」というわけで、こちらは「ははあ、ははあ」という感じです。飾《かざ》ってあるわけです。「曾祖父ちゃんは偉《えら》かったんだ。この当時の東大法学部というのは定員は六十人しかいなかったから、とってもとっても偉かったんだ」と言うので「ははあ、それは大変だっただろうね」と言ったけれども、聞くに堪《た》えないというか、まあ、聞くに堪えないは堪えないでしょう。「知ったことか」「あなたの問題だから、あなたが頑張《がんば》りなさいよ」という問題になるのです。

言えば言うほど、自慢しているのだけれども恥をかいているようなものなのです。言うことがなくなると、もう「家が大きい」とか「土地がある」とか「金がある」とか、「嫁《よめ》さんがきれいだ」とか、もう「嫁さんの女きょうだいがきれいだ」とか「おばあちゃんが若いころはミス○○だった」とか、いくらでもそんなのは出てくるのですが、もう言えば言うほど恥をかいているのだけれども、それが分からないから言って言ってするのです。みんなが感動してくれるまで言うのです。

ちょっとそのへんは、自慢したい心、うぬぼれの心を出して一生懸命、自分を護《まも》ろうとしているのです。実は護ろうとしているのだけれども、「おやめになったほうがいいですよ」ということです。

ちょっと我慢して、他人様《ひとさま》の話をもうちょっとお聞きになって、他人のいいところを見たり、何かうまくいっているなと思うところがあったら「どうしてそういうふうにできるんですか?」と訊《き》くことです。

何か工夫《くふう》しているところや努力しているところがあるのだろうから、「何をしてそんなになったんですか?」というのを訊いたら、「ああ、はあ、なるほど」というふうにして聞いて相槌《あいづち》を打ってあげて、本心から「すごいな」と思ってあげたら、向こうも何かちょっと味方ができたと思ってうれしいし、もっとペラペラしゃべってくれるし、しゃべってくれたことを聞けば勉強になります。

だから、恥ずかしいことは、やはりあまり言いすぎないようにしたほうがいいと思います。ちょっと、そういう傾向《けいこう》が全体にもう蔓延《まんえん》してきたように見えるので、「常勝《じょうしょう》思考の精神」も大事だし、「天才と凡人《ぼんじん》の間で」というけれども――秀才《しゅうさい》というのもあるけれども、今まで見ていて、あまりそれを言う人ほど本当にできないのです。できる人は見たことがないのです。

「言わない人ができる」というのもあるのです。それは本当にそうなのです。現在ただいまに熱中している人は、昔の自慢話をするとか、そんなことはあまり言わないのです。

「天才と凡人《ぼんじん》の間で生きている」と思っているほうが長く活躍《かつやく》できる

だから、「たいていの人は天才と凡人《ぼんじん》の間で生きているものだ」と思って、そして、自分がもし「天才だ」と言われるようになりたくても、「それはもう晩年、だいたいもうこれから落ちようがないと思うあたりに固まったころか、あるいは死んでからあと言ってくれれば結構です」というぐらいの気持ちでいたほうが長く活躍《かつやく》できると思います。

早いうちに、そういうふうに自分の成功を固めたいと思えば思うほど、努力逆転するように見えます。

早く固めてしまいたいと思うのでしょう。天才神話とか、さっきも言った「神だ仏だ」と、あるいは「如来《にょらい》だ菩薩《ぼさつ》だ」と、私も言われているかもしれないけれども——最初のころはやはり（批判的なことを）言われました。

ほかの宗教の人とか宗教学者とか宗教評論家からいっぱい言われたし、曽野綾《そのあや》子《こ》のような人でも、「邪教《じゃきょう》の判断基準」みたいなのを書いたら、全部私に当てはまるように書いてあるのです。「うわ、いやらしいや。いやらしいな、この人は」と思いました。意地悪い人で、自分の亭主《ていしゅ》の悪口まで書いている人だから、書くだろうとは思いますけれども。

でも、それで、その本を読んでいたら、「人の批判を書いたら、訴《うった》えられたり喧嘩《けんか》になることはあるけれども、東大法学部を卒業している人の悪口を書いた場合だけは、一度もそういう経験がない」と書いてあるのです。「これは悪い女だな、意地悪い女だな」と思いました。そういう経験は、一度もないのだそうです。

なぜかというと、それも曽野綾子が思うに、「(東大法学部卒の人は)もううぬぼれ切っていて、自分は天才だと威張《いば》っているし、『フンッ、バカが何言ってんだ』と思っていて相手にしていないから喧嘩にもならないけれども、ほかの人をやった場合は訴えてきたり喧嘩になったりすることがあるから、気をつけなければいけないけど」というようなことを堂々と活字に書いてありました。

それで、邪教の判断基準みたいな教祖の判定としては、「『われは仏陀《ぶっだ》の生まれ変わりだ』『キリストの生まれ変わりだ』と言う人間だ」とか、何やかんやいっぱい書いているのだけれども、だいたい全部が（私に）当てはまるように書いてあるのです。

「念頭に置いて書いているなあ」と思うことを書いてありましたけれども、（他宗教の教祖には）そういう方もなかにはいらっしゃるので言われていたのだろうと思うし、最初のころは、「うまいことやって商売やってるなあ」と、たぶん見ていたのだろうと思います。

梅原猛《うめはらたけし》さんのようなけっこう年配の哲学者《てつがくしゃ》でも——あの人の宗教の入門書みたいなものを私もずいぶん勉強させていただきましたけれども——あんな人でも嫉《しっ》

妬《と》していました。初期のころの、三年ぐらいまでの私の活動で、まあ、活躍とは言えないですが、嫉妬していたのです。

「本当にみんな謙虚《けんきょ》にやるものだけれども、なかには、いきなりボンっとハートのエースみたいなのを切ってくるような感じで『自分は仏陀だ』みたいなことを言い出して、そうしたら、もうみんなびっくりしてしまって信じてしまうみたいな、こんなうまい手を使うやつがいるので、本当に世の中、油断ならん」みたいなことを書かれていたので、たぶん私のことを言っているのだろうなとは思いました。

だから、私も言われたのかもしれないとは思うし、みなさんもそのまねをしているから私が悪いのかもしれないと思いつつも、今いるみなさまがたは、幸福の科学だって財閥《ざいばつ》系企業《きぎょう》ではないので、毎年毎年綱渡《つなわた》りしながら、新しいリスクを冒《おか》しながらやっているということは忘れないでほしいと思うし、自分自身が出来上がったり簡単にしてはいけない。

早く成功を固めたいと思っている人を見れば見るほど、何か「四十過ぎたら死にたいのかな。早死にしたいのかな」と見えてしょうがないのです。「何をそんなに急いでいるの。人生はあと倍ぐらいあるよ。そのときどうするつもりでいるの」と思うことは多いのです。

ちょっと、受験などに「もう人より早く行ったら勝ちだ。頭がいいか悪いかなんか分かりゃしないから、とにかく人より早く先手を打って、一年でも二年でも先にやって、やったら勝ちだ」というのが蔓延していますので、そのカルチャーを持ち越《こ》して実社会でもやっている人もいるし、宗教に来てもそのカルチャーでまだ思っている人もいると思うけれども、それは早く捨ててください。危ないのです。

やはり宗教などは、多くの人たちの悩《なや》みや苦しみを助けるのが仕事なのです。

だから、自尊心は持っていていいのですけれども――自分がやったことに対する自尊心は持っていて、それがいろいろな悪魔《あくま》とも戦ったり困難にも打ち勝つための力にもなるから、持っていていいけれども――「世の中で偉いと思われる人たちでもやはり弱い面も持っているし、実際に社会的弱者といわれる人のなかにも悪い面もあれば、本当に何とかかばってあげなければいけないような面もある」という、そういうふうな相対的な目でいろいろな方々を見られるようにしたほうがいいと思います。

今日は、極《きわ》めて平凡な話ですが、初期のころはよく言っていたけれども今ちょっと若い人中心にあまり分かっていないのではないかなと思うこと、特に二十歳《はたち》前後から三十前後ぐらいまでの人はあまり分かっていないのではないかなと思うようなことについてお話をしてみました。

第4章

なお、一歩を進める

―新しい付加価値をつくる知の力―

二〇二二年六月一日　説法《せっぽう》

東京都・The《ジ》 Okura《オークラ》 Tokyo《トーキョー》にて

1 長い時間、努力を続けて到達《とうたつ》した「著作三千書」

宗教の世界では「四十《しじゅう》、五十は〝洟垂《はなた》れ小僧《こぞう》〟」

平日の貴重な夜に（「著作三千書突破記念講演会」に）多数お越《こ》しいただきまして、まことにありがとうございます。

また、今日は、私のほうから依頼《いらい》したわけではありませんが、このような立派なホテル（The Okura Tokyo《ジ オークラ トーキョー》）を会場に選んでいただきました。

本当に、これが弟子《でし》のほうの謝恩会らしいということであるので、本会場はたぶん赤字と判定されておりますけれども、どうか、地方のほうの会場の方、しっかり献金《けんきん》してくださいませ。本会場はたぶん赤字だと思われます（会場笑）。

ここに来る途中《とちゅう》、車のなかで伺《うかが》いますと、先月、アメリカの大統領のバイデンさんがお泊《と》まりになったとの話もあります。未確認情報ではありますけれども、アメリカ大使館も近いので、そうかもしれません。「そんな栄誉《えいよ》ある所でお話ししていいのかなあ」と本当に恐縮《きょうしゅく》しているのですが、「これは〝お祓《はら》い〟をしろという意味なのかな」という気も一部にはあります（会場拍手）。いや、あまり拍手してはいけないのです。ＣＩＡが入っていたら、どうするのですか。大使館が近いのですから、気をつけないといけません（会場笑）。

私は著作のなかで〝大統領を暗殺〟してしまっているので（『小説　十字架の女②〈復活編〉』〔幸福の科学出版刊〕参照）、ちょっと、今、身の危険を感じております。いちおう大統領の名前は少しだけ変えてありますけれども、「どうも俺《おれ》のことではないか」と思っておられる可能性があるので、穏《おだ》やかに話をしなければいけないかなと考えております。

今日は「三千書突破《とっぱ》」記念講演会ということですが、こういう晴れがましい場所は私にはあまり似つかわしくなく、東京正心館《しょうしんかん》でやったらタダでできるので（会場笑）、できたらそちらのほうが気楽ではあったのですけれども、みなさまがたに、本当に恐縮ながら来ていただきました。

ほとんど、このOkura《オークラ》でやった理由は、書店のみなさまがた、取次店のみなさまがた、それから、広告を出してくださっている新聞社のみなさまがたの〝ご接待〟とのことでありますので、その他のみなさまがたは、説法《せっぽう》の一つを〝聞き流して〟いるつもりで聴《き》いていただいたらありがたいかなと思っております。

何事も物事はちょっとシリアスになる傾向《けいこう》がありますので、恐縮ですが、冗談《じょうだん》もめったに言えないようになってきつつはあるのです。

先ほど流れた、「風鈴《ふうりん》とリンカーン」という歌（作詞・作曲 大川隆法。『青春詩集 愛のあとさき』〔幸福の科学出版刊〕に収録されている同名の詩に曲を付けたもの）も、控《ひか》え室のほうで、「僕《ぼく》、これ、〝冗談〟で書いた詩なんだけど」と言ったら、みんなが「えーっ!? そんなことは誰《だれ》も考えていませんでした」と言っていました。

〝深刻な歌〟になっておりまして、私がリンカーンと競争しているみたいですが、全然そんな気はなかったのです。

たまたま（ワシントンにある）リンカーンの坐像《ざぞう》のところで写真を撮《と》りまして、『リンカーン』と言っているときに、風鈴がリンリンと鳴っていたので、サラサラッと詩を書いてしまった」という、それだけのことを何十年も後《のち》に歌にしてしまったという、それだけのことなのです。決して、リンカーンと競おうなんて思っておりませんので、どうか、このへんはお許しいただきたいなと思います。

まだまだ、「宗教家としては、やっと駆《か》け出しぐらいまで来たかな」というところです。

これは謙遜《けんそん》でも何でもなくて、宗教の世界では、四十《しじゅう》、五十は本当に〝洟垂《はなた》れ小僧《こぞう》〟でありまして、「四十、五十では、まだ人の道を説くには足りない」ということです。

私ぐらいの年齢《ねんれい》は実社会においては定年年齢ではありますが、これ以降、現役《げんえき》で居残ることが許されるのは社長かそれに近いぐらいの人です。それしか残れないような年齢になりまして、やっと世の中に対して意見が言えて、ときどき叱《しか》ったりしても許される範囲《はんい》が広がってきたというぐらいの感じです。

二十九歳《さい》で最初の本を出し、三十七年で三千書に到達《とうたつ》

でも、私の本では、外国の大統領とか日本の政府とかにもガンガン厳しいことを言って叱っておりますので、実は「分《ぶん》を過ぎているな」と思ってはいるのです。

私自身も、決して、特別に世間《せけん》からそんなに尊敬されたり偉《えら》く言われたりする

ような道を生きてきたわけではありませんで、本当に、庶民《しょみん》のなかから普通《ふつう》に当たり前の努力をして青春期を過ごして、それから、長い長い時間をかけて現在までカタツムリのように歩んできております。

二十九歳《さい》のときに最初の本を出して、それから三十七年かかって、やっと三千書に到達《とうたつ》したとのことであります（説法時点。二〇二五年三月現在、三千二百書以上発刊）。

決して無理をしたこともなければ、特別に急いだこともありません。「延々、延々とやり続けている」というだけで、認めてくださらない世間様の〝おかげさま〟で、延々と出し続けています。認めてくださると、もうそれで仕事が終わってしまって、「もういいかな」という気になるのですけれども、なかなか認めてくださらないので、「まだまだ、まだまだ」と思い、延々と仕事が続いているということです。

本当にありがとうございます。

特に大手新聞社のみなさまがたは無視をずーっとしてくださって、本当にありがたいなと思います（会場笑）。もう三十年以上、無視してくれているので、やはり「これでもか、これでもかと書かざるをえない」というファイトを燃やさせてくださって、本当にありがたいなと思っております。

書店のみなさまがたからはまた全然違《ちが》う反応もありまして、初期のころ、まだ宗教法人も取れていない時代でも、紀伊國屋《きのくにや》の社長とか副会長をやっていた方からも、最初の段階で、「これは良書だ。良書だから、しっかり売らなくてはいけない」というようなことを言われまして、私のほうが恐縮してしまいました。

「そんな、いいんでしょうか。大書店がそんなことを言っていいのかな。まだ隅《すみ》っこのほうにチョロっと置いてあるぐらいの本なので、まだ世間の人は誰も知らないぐらいの本なのに、いいのかなあ」とか、私のほうでも思っていたぐらいです。

また、名刺《めいし》を持って出て、紀伊國屋書店の若い二十代ぐらいの男性社員に、私の本のコーナーの辺りにいた方に名刺を初めて渡《わた》してみたのです。そうしたら、その方は受け取って顔をポーッと赤らめたのです。

私は、これにはびっくりしました。「大川隆法なんか知らないだろう」と思っていたのですが、顔を赤らめて恥《は》ずかしそうにしたので、「ああ、書店さんっていうのは、やっぱり違うんだな」と思ったのです。まだ昨日今日《きのう》出たような人でも、「物書きだ」と思うと、ちゃんと、それなりに対応されるのだなと見て、驚《おどろ》きました。

まあ、うれしかったのですが、その後、当会の会員がコーナー周りによくいることになって、（会員がいたので）トイレまで逃《に》げたところ、やはりトイレまで追いかけてこられたりしました。これを「雪隠詰《せっちんづ》め」と言うのですが、逃げ場がなくなるような経験もあって、そんなに楽には書店に行けなくもなってはおります。

「本をしっかり読んでいる人」が新しい付加価値を生む時代へ

書籍《しょせき》の時代も厳しくなって、だんだん、本を読まない方が増えてきているやに聞いております。ネット社会になってきておりますし、また、アマゾンなどが自宅まで本を届けてくれるので、書店のみなさまがたもご苦労されている時代に入っていると思います。

ただ、この場を借りて、お世辞抜《ぬ》きではっきり言わせていただきますと、「これから先の時代は、どういうふうになるか」ということでご心配は多いと思うのですけれども、私は、これから先は、むしろ、「本をしっかり読んでいる人」が新しい付加価値を生んで、出世していって、仕事を大きくするようになると思います。

昔もあまり本は読まれなかったのですけれども、みなさん読まなかったというのはそうなのです。日本人でも、年間二、三冊ぐらい本を読んで、週刊誌を月二、三冊ぐらい読んでいるのが平均というような感じではありましたので、昔も読まなかったのですけれども、今はもっと読まなくなりつつあるのではないかと思います。

ところが、一方では、書籍そのものは一年間に八万点近くも出るのではないかと思うのです。昔は、七万点出るとか六万点出るとかでしたので、ちょっと前、昔に戻《もど》れば、もうちょっと少ないのですが、「売れないのに点数のほうは増えていっている」ということなのです。

年間に八万点も本が出るとしたら、これを読むのは大変ですし、また、書店に並べられても、もう、三日か四日、一週間もすれば、返本されてなくなってしまうような時代に入っておりまして、書籍も「受難の時代」に入っているのだと思います。

書店さんに行きますと、幸福の科学出版が頑張《がんば》ってくれて、けっこう書棚《しょだな》をたくさん取ってくださっているのですけれども、私の本を見て、「初版第一刷」とか書いてあるのを見たら、「あ、売れてない！　ああ、申し訳ないなあ。店長に見つからないように、早く逃げて帰らなくてはいけない」と思って、そーっと帰っているのです。

飛ぶように売れていたら、もっと胸を張って行けるのですが、こうした宗教の本というのは、なかなか、そんなに飛ぶように売れるものではありません。

〝大本営発表〟としては、「たいへん売れている。ベストセラーが続いている」というふうに言っていますし、一般的《いっぱん》に見れば、そういうふうには言われるのですが、私の気持ちから言うと、全然、売れているうちに入っていないので、こんなものでは、もう本当に売れていないのです。

最初のころ、本を出したころでも、ちょっと常識を疑うような話ですが、出版関係の書店さんとか取次さん系から聞く話でも、「今、出版界では、一万冊売れる本を探しているんだ。一万冊、本が売れない。一万冊売れたらベストセラーなので、一万冊売れる本を探しているんだ」と言っているのを見て、「えっ？」と思い、もう、本当にちょっと衝撃《しょうげき》でした。「えっ、一万冊でベストセラーなんですか」というふうな感じで、私の感覚と全然違うのです。

私は、ベストセラーというのは、「百万部からあとぐらいがベストセラーかな」と思っていたので、「一万冊売れる本を探しているのかあ。八万点も出れば、そういうこともあるかな」とは思いますけれども、「ああ、そんな時代なんだなあ」と思いました。

テレビなんかをつければタダで観《み》られますし、もっと安く情報を手に入れられる時代になりましたから、そうなのかもしれないとは思います。

やはり、私は、今、「成功している」と自分ではとても思えないのです。まだ「成功の入り口にようやく滑《すべ》り込《こ》んだあたり」にいて、だいたい六十五歳からあとに、「成功者」といわれる人が晩節を汚《けが》して消えていく時代がこれから始まります。

私は、「これからあと、消えるか消えないか」がかかっているというか、「晩節を汚されないように、週刊誌に気をつけよう」という世界にもう入っていて、「変なことを書かれないで棺桶《かんおけ》に入れたら、いちおう成功かな」と思っている段階であるのです。

2　社会に出たあとの読書の習慣がもたらすものとは

「本を読み続ける人」と「そうでない人」では、ものすごい差がつく

もし私がかすかにでも成功を収めているとするならば、その原動力はいったい何であるかといえば、やはり、「本を読んだこと」だと思います。お笑いになるかもしれないけれども、単純に言えば、やはりそういうふうになると思います。

私がこれを笑われても、それを叱《しか》る気持ちは全然ありません。私自身も、そういうことを言う人を、若いころ笑ったことがあるため、その罪の思いをいまだに十字架《じゅうじか》のように背負っております。

まだご存命で健筆《けんぴつ》を振《ふ》るわれている、小堀桂一郎《こぼりけいいちろう》先生という、ドイツ文学者の

先生がいて、東大の先生でした。その人の授業に私は出ていたのですけれども、小堀先生は、「君たちねえ、教養が大事だよ。教養をつける方法はね、本を読むことなんだよ」と言ったのです。

私はそれを聴《き》いて、大声で「アッハッハッハッハッハッ」と笑ってしまいました。あまりに当たり前すぎて、笑ってしまったのです。東大教授ともあろう方が「教養をつけるのは、本を読むことだ」と言ったので、「何ということを言うのか。もうちょっとマシなことを言え」と思ったのです。

まあ、若かったから、十九かそのくらいだったから笑ってしまったのですけれども、今、笑ったことを、四十六年ぐらいたって反省しています。

そのとおりでした。そのとおりなのです。

あとは、渡部昇一《わたなべしょういち》先生も本を読む大切さをずいぶん教えてくださいましたけれども、本当に、「こんなに違《ちが》いが出るのか」ということを、まざまざと感じてきました。

東京周辺では、大学入試までは、大学に入ることを本当に目的にして、小さいころから一生懸命《いっしょうけんめい》、努力してやっているのですけれども、入った段階で、もう「入場切符《きっぷ》を手にしたらオッケー」という感じです。しかし、ディズニーランドの一日使えるような入場券とは違って、大学に入った段階では全然まだ使いものにならないレベルなのです。

それは、「頭脳訓練が一定のところまで終わった」ということであり、知的訓練をやって、もし教養の道とか専門分野の道に入るにしても、「これから本格的な勉強ができますよ」という、この許可が、大学入試のレベルです。大学で四年ぐらい勉強したからといって、それが終わるわけではなくて、それで、やや、「自分の専門性がどちらに向いているか」ということが決まってくるぐらいのレベルなのです。

だから、ここまでは、差がついているように見えても、そんな大きなものでは実はないのです。

このへんは、浪人《ろうにん》しようが留年しようが、「一年遅《おく》れたら一年長生きをすればいい」というぐらいのレベルのものです。

でも、社会人として出てからあと、「本を読み続ける人」と「そうでない人」では、ものすごい差がついてきます。これは嘘《うそ》ではないので、繰《く》り返し申し上げております。

特に、卒業してから三十歳《さい》ぐらいまでの間に、本を読む習慣を持ち続けられた方は、その後大きく成功する可能性は高いと思います。そして、それをまた、その先も続けることができれば、自分のことをかなり下のほうに見ていても、次第《しだい》しだいに人から認められるようになっていきますので、まず本を読むことをお勧《すす》めしたいと思います。

書店が潰《つぶ》れる時代は、いい時代ではありません。やはり、本を買わなければいけない。ネットでいろいろ電子情報を見て済むことは済むのですけれども、やはりそれではいけない。本を持って、読むことです。

自分の年齢《ねんれい》によって、そこから読み取るものは変わってきます。二十歳《はたち》のころに読んだのと、三十歳で読んだのと、四十で読んだのと、五十で読んだのと、六十で読んだのとでは、全然違うのです。だいたい作者の年齢、それが書かれた年齢を自分が超《こ》えたら、やはりちょっと幼稚《ようち》に見えてくるのです。このへんが不思議なものです。

学生時代には分からなかった「四十代の芥川《あくたがわ》賞作家」への評価

先ほど、先生のことを笑ったことへの反省を述べましたが、ほかにも同じようなことがありました。

ドイツ語を何人かの先生に教わったのですが、有名な先生が多く、芥川《あくたがわ》賞を取られた柴田翔《しばたしょう》先生という方がいました。当時は助教授、今の准《じゅん》教授ですけれども、四十三歳で、ドイツ語の授業の一つを持ってくださっていて、私も学生として聴いていたのです。

そして、翻訳《ほんやく》の仕方、「日本語にどう訳すか」というところですが、向こうも文学者ですので言葉遣《づか》いが細《こま》かい。私が「いちおう」という言葉を使ったら、「君、『いちおう』っていう言葉はね、そのあとに否定が来なきゃおかしいんだよ。『いちおう○○』って言った以上、君、否定が来なかったな、そんな日本語はおかしいんだよ」というようなことを言っていました。

四十三歳で髭《ひげ》を生《は》やして、教壇《きょうだん》の上に斜《なな》めに座《すわ》って、ジーパンの上下みたいなものを着て、何か雰囲気《ふんいき》のある先生でした。

当時の授業は、先生が三十分遅れたら、授業が流れて散会になったのですが、その先生は三十一分遅れて来たときがありまして、「三十分後に来た。バンザーイ」と、みんなで喫茶店《きっさてん》になだれ込《こ》んだのを覚えていて、申し訳ないなあと思っています。

その先生とも、文章をめぐってはけっこう授業中に戦いをしたことはあるのですが、その先生が書いた本も、本としては、学生時代に読むと、「よかった」というふうなことを私は言っていたのです。しかし、同じ高校から来て、同じ大学の同じ学部に来ていて、後《のち》に裁判官になった友人などは、「そうかなあ、柴田翔さんの小説なんか、後の世に遺《のこ》るかなあ。あれはそんなに遺らないいんじゃないか」と言っていました。私は、「いや、遺るんじゃないの？」と言っていたのですが、この年になって読み直してみると、大学の研究室の狭《せま》い範囲《はんい》の経験ばかり書いているので、「四十二ぐらいまでで書いたものというのは、やっぱりそういうものなんだなあ」というようなことを感じます。

私のその友達は最高裁の事務総局に入りましたので、「ああ、最高裁に行く人は、やっぱり頭がよかったのかなあ」と思って、ちょっと反省しております。まあ、ここも失敗談です。

「三島由紀夫《みしまゆきお》はなぜ死んだのか」をめぐる、友達との議論

ほかにも学生時代の本の読み方では、例えば三島由紀夫《みしまゆきお》です。自衛隊で檄《げき》を飛ばして割腹《かっぷく》自殺したのは、東大入試がなくなった年の一九六九年ごろだと思います。私はその何年か後に東大に入ったのです。

高三のときに、その今言った裁判官になった友達と、「三島由紀夫はなぜ死んだのか」という話をしていて、私のほうは「文学的に行き詰《づ》まったんじゃないか」などと言っていたのです。しかし、彼のほうは、「そうかなあ、やっぱり、政治思想的に見て、ああいうふうになるしかなかったんじゃないかな」と、三島

の『憂国《ゆうこく》』という小説をテーマにして、「政治思想的に見たら、どうしてもああなったんじゃないか」ということを言っていました。私は「そんなことはない。文学的に種が切れたんだよ、きっと。種が尽《つ》きて死んじゃったんじゃないか」などと言っていましたが、「やっぱり向こうのほうが正しかったかな」などと、何十年かたってから思うことがありました。

若いころは本当に、自分より賢《かしこ》い方があっちにもこっちにもいっぱいいて、大変なのです。でも、何十年かしますと、努力を続けていくうちに、そういうふうに田舎《いなか》出の〝薄《うす》らとんかち的な秀才《しゅうさい》〟でも、だんだんに磨《みが》きがかかってきて、ちょっとずつ都会派のインテリみたいに見えてくるのです。まあ、これは誤解なのですが、次第にそんなふうに見えてくるので、これに便乗《びんじょう》して頑張《がんば》らなければいけないわけです。便乗して頑張るためには、やはり「本を読んでいる」ということが非常に大事なのです。

名作・名著といわれる古典は、計画的に繰《く》り返し読む必要がある

特に、本を読むなかでも、古典、名作とか名著とかいわれているものは、「できるだけ努力して計画的に読んでいこう」という努力はしたほうがいい。若いころにも読む必要があるけれども、若いころ読んでも本当は分からないのです。分からないので、もう少し年を取ってからまた繰《く》り返し読まなければ駄目《だめ》で、自分の年齢が、作者が死ぬぐらいの年齢になれば、だいたい対等の、〝サシの戦い〟になってきます。「どちらの人生観が上か」という戦いになりますが、すぐには分からないのが本当です。

大学一年生ぐらいのときに、友人が下宿に転がり込んできたことがあります。「『カラマーゾフの兄弟』、ドストエフスキーを徹夜《てつや》で読んだ！」などと言って、興奮して転がり込んできたのですが、「『カラマーゾフの兄弟』で、そんなに感動

するかなあ」と、私などはそんな感じでした。

とにかく長いから、もう読むだけでも大変なのです。ロシアの人の名前は、読んでいるうちにもう誰《だれ》が誰だか分からなくなってくるのです。一気に読めば分かるのかもしれないけれども、間を休みながら読むと、「この人、誰だったたっけなあ」と思って、「誰の恋人《こいびと》だったたっけ」「主人公はどの人だったたっけ」というように、だいたい、そんなふうになってくるのが普通《ふつう》なのです。国語の先生などは、「途中《とちゅう》で本を置くときには、登場人物のことをメモに書いて挟《はさ》んでおいて読まないと、分からなくなるよ」などと言っていました。

ですから、「感動した」などと言って来る方もいたけれども、「本当かなあ？どうかなあ？　分かったのかなあ」と、いまだにそんな疑問は持っております。

あと、恥《はじ》をかいたのは、大学に入って何カ月かぐらいのときです。郷里の高校の同級生で、慶應《けいおう》の医学部に行った方で、中学時代から徳島県でトップを争っているライバルだった方なのですが、彼が私の下宿に入って、部屋を見て、ずーっと本を点検して、そして、「渡部昇一の『知的生活の方法』がない」と言ったのです。「あれを読んでいないっていうことは、おまえ、遅れとる」と言われました。

「えっ、そうなのか」「百万部以上売れてるんだ」「えっ、そうなの」「これを読んでないんじゃあ、おまえ、読書家には入らんわ」と言われて、これはいかんと思って、慌《あわ》てて読んだのを覚えています。

そういうようなことで、学生時代に本を読むことに目覚めて、読むようになりました。

3　「宗教家としての学び」の歩みを語る

学生時代、食事代を節約しつつ本を買い、読み続けた

小学校時代はまだ本がだいぶ読めたのですが、中学・高校は受験勉強というか、そういうものが多くて、本が自由に読めなくて悔《くや》しくて悔しくてなりませんでした。大学に入ってからやっとホッとして、本が読めるようになって、このうれしさでたまらなかったのです。

しかし、私も子育てを五人やりましたが、みな、大学に入ったら、もう、「勉強するために大学に入った」などと思っている人はいないのです。入ったらもうそれで終わっていて、「これで解放された」と思ってみんな万歳《ばんざい》で、「え？　だい

ぶ違《ちが》うなあ」と思いました。

私のときは、大学へ入ったら、「ああ、これで自由に本が読めるようになる」と思って私は喜んだのですけれども、彼らはそんなふうにはどうも感じないみたいで、「これで勉強が終わった！」という感じだったのです。これは私が遅《おく》れているんだか、どうなんだか、ちょっと分からなかったのですが、私は、自由に本が読めるということがうれしかった。ただ、経済的には豊かではありませんでしたので、奨学金《しょうがくきん》とか、アルバイトとかはしながら生活をしていたのです。

今となっては懐《なつ》かしいですけれども、大学生協の「コープ定食」というのが二百三十円でした。駒場寮《こまばりょう》というのがまだ大学のなかにあって、寮定食があり、A定食は百八十円、B定食は二百四十円。それで、コープ定食二百三十円を寮食百八十円に代えて、五十円、これで安くなる。これを何日か続けると、岩波書店の星一つ、二つ、三つというものが買えるようになるという、こんなことをして、いわゆる食を節して、本をちょっとずつ、文庫本でもいいから買って、読み続けるということをやっていたのです。

やはり、学生時代に読んだ本というのはなかなか忘れがたいもので、深く読んでいますから、何十年たってもよく覚えているものです。ときどき、あとになってから読み返すと、また違った見方になって、勉強になることが多いと思います。

受験勉強で「天声人語《てんせいじんご》」の英訳・和訳を続けて成績が下がる経験と後《のち》の効果

それから、三千書目に出ている本（『自分を鍛える道』〔幸福の科学出版刊〕）を読むと、朝日新聞の「天声人語《てんせいじんご》」の話が書いてあります。

これは過去、二回か三回書いていると思うので、失礼だったらちょっと申し訳ないのですが、私の学生時代、高校時代ぐらいがちょうど、「天声人語」でいちばん名高い深代惇郎《ふかしろじゅんろう》さんという方が三年間ぐらい「天声人語」を担当されたときに当たっていたのです。深代さんの「天声人語」の時代にちょうど、「天声人語」が大学入試に出る」という宣伝を打っていましたから、騙《だま》されたといえばそれまでなのですが、「天声人語」を切り抜《ぬ》いて、ノートの左側に貼《は》って、短い文章ですけれども、これを英語に訳す、英語で書いてみるという練習をしていました。

翌日、「朝日イブニングニュース」というものに「天声人語」の英訳が出るので、これを切り抜いて貼って、それを今度は日本語に訳してみる。そして、私が訳した、この日本語の「天声人語」が、実物の「天声人語」と比べて、どちらの文章がうまいか――まあ、たいてい負けますけれども――こういう訓練を半年以上、一年近くやったのです。そうしたら、本当に大学ノートが二倍の厚さになりました。

それで、ずいぶん自分としては勉強したな、頑張《がんば》ったなあと思っていたのですが、その間――これは何度も言って、本当に朝日新聞に申し訳ないとお詫《わ》びしますけれども――英語の成績がどんどん下がっていったのです。なぜ下がるのか、私は分からなかったのです。これは「大学入試に出る」と言っているし、学校の先生からもレベルの高い勉強の方法として、「英字新聞などを読みなさい」と言われていたから、成績は上がると思っていたのに、やればやるほど成績が下がってくるのです。

「これはおかしいな、なんでかな」と思ったのですが、今にしたら分かります。「天声人語」に書いてある内容は、大学入試の英文で絶対に出ないような内容なのです。あれに出るのは、たいてい外国の方が書いているもので、「心の葛藤《かっとう》とかをいろいろ抱《かか》えている、青春期の悩《なや》みのようなもの」に関係するエッセイみたいなものから出るのです。だから、「天声人語」みたいに、時事ネタを書いているものを英訳したものなど、出るわけがないのです。絶対に出ません。〝絶対に出ないもの〟をやっていたのです。

だから、英語の成績はよかったのに、何かだんだん下がってくる感じがして、「おかしいなあ」と思って、ちょっと残念だったのです。

高校時代はそれで一回〝失敗〟はしているのですが、でも、それが大学を出てからあとは、今度は〝逆転〟して、ニューヨークへ行ってから役に立ちました。

かつて私にインタビューした記者が米大手メディアの総責任者に

本法話《ほうわ》の前に、「ウォールストリート・ジャーナル」等のCEO、経営の総責任者のロバート・トムソンさんからメッセージを頂いていましたけれども、あの方は、三十歳のとき、紀尾井町《きおいちょう》ビルに幸福の科学総合本部があったときに私にインタビューした方なのです。オーストラリア人なのですが、インタビューして、「フィナンシャル・タイムズ」というものに〝一ページ丸ごと、大川隆法インタビュー〟で載《の》せた方です。

今まで、ジャーナリストで私にインタビューした人はみな、もう例外なく出世していているのです。本当にみんな出世しています。この方も、いつの間にか、オーストラリア人なのにアメリカでCEOになっています。あんなのはありえないことなのですけれども、偉《えら》くなられて、三冊も本を書かれたということで、私など、「本当、〝駄作《ださく》〟ばかり、あと二千九百九十七冊も乗せてしまった」という批判をされていました（会場笑）。「三冊もあれば本は足りるんだ。三千冊も書くって、よっぽど、おまえ、書く内容が悪いんじゃないか」というご批判なのではないかと思うのですが、おかげで、外国の方に私を知ってもらうチャンスにはなりました。

そのインタビューのなかで、彼は、幸福の科学を「ハッピー・サイエンス」と訳されたのです。私はそれを忘れていたのですけれども、あとで幸福の科学のことを英語で「ハッピー・サイエンス」と使うようになって、「おお、私の訳を使ってくれた」と言って喜んでくださいました。

そのときは「The《ジ》 Institute《インスティトゥート》 for《フォー》 Research《リサーチ》 in《イン》 Human《ヒューマン》 Happiness《ハピネス》」という、もう研究所みたいな題の横文字を付けていたのです。「人生の大学院　幸福の科学」ということで、これでは広がらないということだったのですが、「幸福の科学を訳したら、ハッピー・サイエンスじゃないか」ということで、向こうがそれを使ったのです。

この方は、トランプさんが大統領になった年のニューヨーク講演会のときにもご夫妻で来てくださったのですけれども、まあ、ありがたいことです。そういう方が、何十年かたってまだ活躍《かつやく》されているということは、とてもとてもありがたいことです。

対談で田原総一朗《たはらそういちろう》氏を手のひらの上で転がした宗教家と言われた

今日はマスコミの方が来ておられるのに、本当に、失礼なことばかり言って申し訳ないから、もうちょっと言いましょうか。〝もう一歩を進めて〟、もうちょっと失礼なことを言おうかと思うのですが（笑）。

今、テレビの話は出ていませんが、もう三十何年前、一九九一年ごろは、いろいろな方と対談したりインタビューを受けたりしました。まだ現役《げんえき》で頑張っておられる田原総一朗《たはらそういちろう》さんとの、インタビューというか対談を二回ぐらいしたのですけれども、テレビに映っているときの田原さんと、楽屋の田原さんは全然違うのです。テレビのときはそれなりにもうかたちがあるので、それなりのかたちでやるのですが、楽屋では全然感じが違う方なのです。

楽屋で話をしていたら、「あのねえ、大川さんねえ、これは知っといたほうがいいから教えとくよ」と言われて、「何ですか?」と言ったら、「君はねえ、マスコミに右翼《うよく》と左翼があるかと思ってるでしょう。保守と革新があるように思ってるかもしれないけど、それは間違いなんだよ。マスコミっていうのは全部、保守なんだよ。現状維持《いじ》がマスコミなんだよ。だから、違うように見えてるけど、本当は一緒《いっしょ》なんだよ。みんな現状維持で、現在の、ただいまのあり方を変えられると困ると思ってるのがみんなで、マスコミ全部そうなんだよ。だから、君は、『右だ』とか『左だ』とか、違ったように思ってるなら、間違いだよ。それを知っておいたほうがいいよ」というようなことを、楽屋では言ってくださいました。

それと、「自分も含《ふく》めてマスコミ人は、善悪は分からないんだよ」と彼はおっしゃっていました。「善悪は全然分からない。何が正しくて何が間違ってるかなんて、全然分からない。本当に分からないんだ。分からないから、とにかく弾《たま》を投げるんだ。弾を投げて投げてしたら、その弾をどうやって打ち返してくるか、あるいはかわすか、これを見るんだ。打ち返し方とかわし方を見ていて、『ああ、この人は本物だな』とか『この人は偽物《にせもの》だな』とか見るようになるんだ。マスコミ人というのはそういうものなので。弾をとにかく投げてくるけど、それを打ち返すか、かわすか、これを見ているだけなんで、内容については分からないんだ」と。

「いかに上手にかわしたか、いかに上手に跳《は》ね返したか、これに尽《つ》きるんだ。この二点だけは知っておいたほうがいい。だから、善悪なんか分かるわけないじゃない」というような言葉をおっしゃっていました。

もちろん、本番になったら全然、コロッと変わるのです。本当に、怖《こわ》い顔をして問い詰《つ》めていくのですけれども、多少は演技です。

だから、私も田原さんとはテレビではお会いしたことがあって、対談をずっとやっていたのですけれども、視聴率《しちょうりつ》がガンガン上がってきて、十七・六パーセントぐらいまで上がったのです。その番組としては過去最高まで上がってきたので、私のあとの三十分にあった予定をやめるということになって、「そのまま続けてください」と言われ、ずっと対談をやっていたのです。

はっきり言えば、「これは、本気でやったら田原さんがもう出られなくなるぐらいまで行ってしまうかもしれないな。最後にちょっと負けてやらなければいけない」と思いました。そして、相手に少し打ち込《こ》ませてあげなければいけないから、ちょっと頭を前に傾《かたむ》けて〝面《めん》〟を出して、少し打たせてあげて、やめたのです。

でも、それはちゃんと分かっていらっしゃって、あとで私の対談集に収録しようとしたら、あの方は「負けた」と思ったらもう収録は絶対に許さないので、収録させてくれませんでした。

あと、週刊誌の方とかも、「田原総一朗があんなふうに手のひらの上で転がされるとは、ちょっと驚《おどろ》いた。政治家の大臣とかのクビはボンボン飛ぶのに、手のひらの上で転がされているみたいで、宗教家ってなかなか隅《すみ》に置けんな」というような感じで、「ちょっと、出す人がもういない」というようなことを当時言われたのを覚えています。「これでもう、あと、出す人がいないな」というような感じのことを言われたのを覚えています。

でも、「出す人はいないな」と言われた理由は、私ははっきり分かっています。最初に言ったとおり、本をたくさん読んでいるからです。

4　発想が尽《つ》きない人間になるためには

知的仕事のために、勉強したり書いたりする時間をいかに確保できるか

マスコミの方も、会社仕事もあるし、それから〝夜討《ようう》ち朝駆《あさが》け〟もやっておられるし、酒も飲まないといけないし、勉強時間も短いですから、本を読み続けるのは大変だろうと思います。

それから、「酒を飲む、晩酌《ばんしゃく》をする習慣のある方で本を書けた人はいない」とも言われているので、夜、時間を確保できるかどうかということは、とても大事なことなのだろうと思うのです。

私も商社に入っていたのですけれども、あまり酒を飲みすぎると本が読めない

ので、飲まないように、できるだけ回数を減らす、チャンスを減らすように上手にやりました。

もともと社交的なタイプなのですけれども、あまり人と会っていると持ち時間がボンボンなくなっていくので、講演とか本を出すぐらいで許していただいて、できるだけ、勉強したり書き仕事をしたりする時間を取るように努力しないかぎり、取れないのです。そういうふうにして、自分で時間をつくらないといけません。

だから、〝努力して義理を欠かなければいけない〟というようなことで、私なんかはもう家族や親族の葬式《そうしき》などは、宗教家のくせにほとんど出ていません。申し訳ないことです。

父親の葬式だけはさすがに出ましたが、郷里に着いたのは、亡《な》くなった翌日でした。亡くなった翌日に来て、母から叱《しか》られました。「息のあるうちに一回ぐらい、一日ぐらい会うべきだ」と言われたのです。

こちらは（霊人には）「死んでも会えるから別に構わない」と思って、翌日に着いたのです。「翌日に着いたから、まあ、早かったかな」などと言ったら、「死に目に会えんかったっていうことは大変なことだ」というようなことを言われて、「あっ、そうなんですか。一般的《いっぱん》にはそうかな」と思ったということがありました。私は、死んでからのほうがうるさく、いろいろな話が来るから、別に気にしていないほうだったのです。

そういうことで、父親の葬式はいちおうしましたが、あとは親戚《しんせき》の葬式に出たことがありません。兄弟の葬式も出ませんでした。それほど忙《いそが》しかったと言えば、そのとおりなのですけれども、宗教家のわりには出られてはおりません。このへんについては残念なことかなというふうには思っています。

友達の関係においても、だんだん交友関係を切っていかなければいけなくなって、厳しいものです。

九一年ぐらいで有名になってしまって、九二、三年ぐらいで、もう秘書のあたりで、だいたいの手紙やはがきの類や年賀状などはみんなシャットアウトされてき始めて、私のところには来なくなっているのです。

その前は、幸福の科学の霊言集《れいげんしゅう》で出している霊人宛《れいじんあ》ての年賀状まで来ていたのです。「霊人の○○様」というようなものもあって、「大川隆法様方、○○様」といった年賀状が、読者や会員の方からいっぱい来ていました。「大川隆法様方、日蓮《にちれん》様」「親鸞《しんらん》様」「空海《くうかい》様」「イエス・キリスト様」というような感じで年賀状が来るのです。

これはもう、笑ってはいけないところもあるけれども、いつの間にか来なくはなりました。ちょっと寂《さび》しいのですけれども、しかたがないことです。あまりそういうものを読んでいてはいけないと言われることで、まあ、そういうこともあります。

本を読むことには「発想が尽《つ》きない」というメリットがある

本を読むことには、「知は力なり」という言葉があるのですけれども本当のことで、要するに「発想が尽《つ》きない」というメリットはあります。

だから、「書いているものが尽きてくる」という場合は、たいていの場合、勉強が足りないことが原因なのです。

また、「発想が尽きる」ということでは、単に作家として物書きをするためにいろいろな本を読んでいるのは当然のことなのですけれども、作家ではなくても経営者でも一緒《いっしょ》でして、一代で大経営者になった方というのはみなさん読書家なのです。「数万冊ぐらい本を読んでいた」という方はいっぱいいらっしゃるので、けっこう、もう本当にプロの作家顔負けぐらいの勉強をしておられます。一代で、三十年ぐらいで大企業《だいきぎょう》をつくったというような方は、だいたいそのくらいの読書でもして、考えのヒントをいっぱい探しているということです。

今、やや評価は低いとは思いますけれども、ドイツのヒットラーなどでもそうです。〝ただの野蛮人《やばんじん》〟だと思われているのだろうと思いますが、ヒットラーも夜は人と会わず、籠《こ》もって本を読んでいたのです。また、ヒットラーの蔵書は一万六千冊あったのです。だから、バカにできないのです。一万六千冊だったら、どうでしょうか。企業のトップでも、そう簡単には読めないレベルだろうと思うのです。

ヒットラーは何年ぐらいやったでしょうか。党のトップとしては十何年ぐらいでしょうが、あのくらいの仕事をするのにそれだけの材料は要《い》ったということです。そういうことは努力はしていたようであります。

ナポレオンだってそうです。ナポレオンも独裁者のような言い方をされるけれども、「ナポレオン睡眠《すいみん》」といって「三時間睡眠」といわれるぐらいですから、ものすごく勉強していたのです。寸暇《すんか》を惜《お》しんで勉強されていたのは間違《まちが》いありません。これは同じ原理です。

それから、もっと昔で言えば、もうローマの時代にも、哲人皇帝《てつじんこうてい》といわれたような方は読書家でもあるし、本も書いたりしておられます。

だから、昔から、本を読む方はいろいろな発想が豊かであり、新しい仕事を成し遂《と》げるには、その善悪はともかくとして、そういうところがあるのだということを知っておいていただきたいということです。

そうすることで、「新しい視点」を得ることができるのです。たくさんの本を読んでいくと、「新しい視点」を得ることができます。

ほとんど全紙に目を通している私の新聞の読み方

ただ、本だけではちょっと足りない面もありまして、やはり新聞も読まなければいけないのですが、これも、忙しい方はなかなか読めないだろうと思うのです。「本をたくさん読んで、新聞もたくさん読め」と言われたら、「もう、そんなに読めません」と言われるでしょう。

私も、新聞はほとんど全紙に目を通しております。そして、基本的には、私の思想から遠いと思うところから順番に読んでいます。遠いところのもので何を言っているかを、じーっとじっくりと丁寧《ていねい》に読んでいます。それで、いちばん最後に読むのは産経新聞です。

産経新聞は書いていることがだいたい予想がつくというか、「だいたいこう書くだろうな」と思うことをたいていは書いていらっしゃるので、それを確認しているだけです。私の本の広告もいちばん多く載《の》りますので、全部を読んだあとに「最後に楽しみを」ということでも、産経新聞をいちばん最後に読ませていただいているのです。私のことを注目して記事にしてくださったのは、私の記憶《きおく》しているかぎり産経新聞ぐらいしかないのです。

一つは、もう今はないのですけれども、昔に「折々の間違い」というコーナーがコラムでありまして、それに堂々と私を取り上げてくれまして、ありがたかったです。

「折々の間違い」で『太陽の法』（幸福の科学出版刊）の間違いを取り上げてくれまして、私の本など、取り上げるほどまだそんなに有名でもないのに、「取り上げてどうするのかな」と思ったのですけれども、さすが見識があるから早いわけです。

「折々の間違い」で『太陽の法』について、「高級霊が出てきて、大川隆法に

『大川隆法よ、おまえには使命があるのだ』『今、立つのだ』みたいなことを言っている。これは間違っている。この時点では大川隆法ではなかったはずだ。本名はかくかくしかじかであるから、そう言ったはずであるので、これは間違いだ」といって書かれたのです。「うんうん。なかなか勤勉な読者がいるものだな。そこまで考えたか」と思いました。

本名のほうを書いたらみんなが混乱するから、私は書かなかっただけなのですけれども、「折々の間違い」で書かれたので、しかたなく――しかたなくでもないのですけれども――一九九六年に、「大川隆法」という、ペンネームで使っていたものを本名として、裁判所で手続きして、戸籍《こせき》も変更《へんこう》しましたので、今はこれが本名です。本名で、もうずっとやっているのです。

この「折々の間違い」というコーナーで書かれていたのが一つです。

それから、二つ目は「産経抄《しょう》」か何かのコラムで、当会が講談社とちょっと

〝喧嘩《けんか》〟していたときに、〝ファクス事件〟というので載せていました。二つ載せてくれたのは産経新聞だけです。感謝しています。ありがとうございました（笑）。本当に勉強になりました。

読売新聞なども、今日（二〇二二年六月一日）は全面広告を載せてくださって、もう本当にありがたいことです。幾《いく》らかかったか、私に報告がないので、怖《こわ》がっているのですけれども、ずいぶんかかったのではないかと思うのですが。

確か、一九九〇年ごろにも、白黒でしたが、全面広告を一回出しました。広告の方が「いいですよ。全面でも受けますよ」と言ってくださって、全面広告を出しています。

ただ、私がカッと手を上げてやっているものを載せたら、「あまりに反響《はんきょう》が大きすぎて怖くなった」と読売新聞のほうが言ってきたのです。「『これはもう、次の選挙に出るのではないか』という反響が多すぎて怖くなったので、次からは五段にしてください」と言われました。今日、久しぶりの全面広告を打ったのですが、また載らなくなるかもしれません。反響が大きすぎて載らなくなるかもしれません。そんなこともありましょう。

5　日本と世界の道しるべとなるべく一歩を進めていく

自由な意見、異なる意見の発信や、新しいことを考えつくのに重要な「語学力」

言いたいことはいっぱいあるので、あまり長くなるといけないのですが、少しだけ延長しても構わないことになっているから、まあ、ちょっとだけ言いますと、「本を読みなさい。これが大事なことです」ということです。

それから、「新聞もできるだけ読んでください」ということです。新聞は、やはり、違《ちが》う種類の新聞を読むと、「見識の違い」「考え方の違い」が分かってくる、異なる視点が得られるので、現在進行形のことに関しては、異なる新聞等もできれば読んだほうがいいと思います。

あとは、私の場合は、ちょっと語学のほうで、外国語の新聞が読めるぐらいの語学力はあって、英字新聞とかドイツ語の新聞とかも読んでいるので、若干《じゃっかん》、違う角度からも検討はしています。

ですから、日本の国際ニュースを観《み》ても、国際ニュースを伝えている方が英字新聞を正確に読めていないことが分かるぐらいまでは読めるのです。そのように、自分も読んではいます。

「外国語を勉強している」ということも、ある程度、自由な意見を発信したり、異なる意見を発信したり、新しいことを考えつくのには重要ですので、どうか努力して、外国紙を読める程度まで語学力を高められたら役に立つのではないかと思います。

霊天上界《れいてんじょうかい》からのインスピレーションを受けているという事実

それから、もし、私が成功をしているとするならば、もちろん、いちばん大きな力は「霊天上界《れいてんじょうかい》からのインスピレーションを数多く受けている」ということだろうと思います。

これはもう否定しがたいもので、それをこの世的には理解してくださらない方もいることはいるのですけれども、三千書の本を書いた人間の言葉として、嘘八《うそ》百で三千書も書くのは、ちょっとなかなか大変なことではあるので、いちおう正直に書いていると思っていただいて構わないと思います。

天上界からの霊示《れいじ》・啓示《けいじ》等を受けなければ、ここまでは来られなかったので、「あの世がありますよ」とか「天国・地獄《じごく》がありますよ」とか言っていることは、本当のことです。百パーセント本当です。死んだら絶対に確認できますから、どうか、これだけでも今日来た方は信じてください。

「あの世があって、魂《たましい》としての生き方があるということを知っている」ということをしっかりつかまえて、あとは、本なら、千冊ぐらいは読めば、だいたい教養人の仲間入りはたぶんするだろうと思います。

できれば、あとは新聞です。新聞を少し——一紙でも二紙でもいいのですけれども——何紙かでも読んで、現代的な情報も入れておいたほうがいいだろうと思います。

テレビは時間を取りますので、選んで、ニュースの大事なところをちょっと観るとか、あるいは、ドラマで面白《おもしろ》いものがときどきありますから、そういうものをたまに観るのはよろしいかとは思います。

私が「数千本」から「万」の映画を観《み》て勉強している理由

あとは、私のほうは映画をつくっているので、数年前ぐらいから映画に対する比重がだいぶかかってきました。原作までつくっていますので、映画研究をしないと、やはり「製作総指揮」は名前だけになります。そうはならないように、映画の勉強もだいぶやりました。

「本を千冊ぐらい読めば教養人の仲間入りができる」と言いましたけれども、映画も、「いろいろな種類の映画を千本ぐらい観《み》ておけば、だいたい、人生のことはほとんど分かる」と言われています。一般《いっぱん》的な言い方ですので、当てはまるかどうか分かりませんが、「千本ぐらい観ていれば、人生のことはだいたい、あらかた分かる」というふうに言われていますので、そういう努力はなされたらいいのではないかと思います。

私のほうは、製作総指揮をするために映画を観る時間を捻出《ねんしゅつ》しなければいけなくて、映画館に行く回数はそんなには取れませんので、ＤＶＤのほうが多いことは多いのですけれども、これでも、もう映画のＤＶＤだけで図書室が一つあるぐらいの数は持っています。だから、数千本から万の映画は持っています。

日本ではだいたい年に千本ぐらいかかって、外国のものが五百本、日本のものが五百本ぐらいなのですけれども、外国映画等も、いろいろなところのものを観ていると勉強になることは多いので、そういう経験を大事にされたらいいのではないかと思います。

こういうことが、一般的な勉強の仕方や、事業、あるいは、その他の人生での成功の仕方です。

勉強しないと分からない視点①
――「ロシアのウクライナ侵攻《しんこう》」と「中国の台湾《たいわん》統一」との違《ちが》い

あと、言っておくべきこととしては、「コロナ」とか「戦争の問題」とかもあるかと思いますが、本はいっぱい出していますので、読んでいただければありがたいかと思います。

コロナは収束気味で、何だかみんな解放感に駆《か》られてきてはいますけれども、だいたい今で二年半ぐらいかと思いますが（説法時点）、私の予想では五年ぐらいは続きます。五年間ぐらいは「コロナとの戦い」は続くので、また致死《ちし》率の高いものが流行《はや》るはずです。

だから、いちおう警戒《けいかい》はしてください。今はちょっと楽ですけれども、また流行ると思います。五年ぐらい過ぎれば、だいたい弱まっていって、消えていくかなとは思っています。

これがコロナについての意見です。

それから、戦争については、「ロシアのウクライナ侵攻《しんこう》」と言われている戦いもあります。

これは、「台湾《たいわん》を護《まも》れ」と言っている幸福の科学にしては、「ウクライナを護れ」と言わないので「おかしいじゃないか」という声もあるだろうと思うのです。しかし、これは、微妙《びみょう》にねじれているので難しい案件です。勉強しないとこれは分からない部分なので、ちょっと勉強していただきたいなと思います。

中国の「台湾統一をしたい」という考え方と、ロシアがウクライナの一部の所に今、軍事的特殊《とくしゅ》作戦をやっていることとは、ちょっと理由が違《ちが》うことは違うのです。これを言っても、マスコミの方でも九割は外れているようなので、なかなか難しいとは思うのですが。

プーチンさんは、ウクライナのなかの東部のロシア語を使う人たち、ロシア民族が多数派である所の人たちが十何年間弾圧《だんあつ》され、「ロシア語を使用禁止」のほうに追い込《こ》まれて、次は軍隊が攻《せ》めてきていじめられているので、「軍事的行動を取る以外に方法がなかった」と言っています。その前には交渉《こうしょう》していますけれども、ゼレンスキーさんが全部断って、聞いていません。だから、そういう事情があります。

たぶんご存じないだろうと思いますが、第二次大戦の終わりのころソ連を率いていたスターリンは、ヤルタ会談なども出ているし、終戦のギリギリに北方領土を取った時代もスターリンの時代だと思いますが、このスターリンは、グルジア人（ジョージア人）です。それから、米ソ冷戦でケネディと競争していたフルシチョフはウクライナ人です。だから、みなさんが考えているのと違って、北方領土はそういう方に取られています。それから、ドイツに地上進攻したのも、そういう方です。

だから、ウクライナ人でも、グルジア人でも、ロシア、ソ連の人だと思って世界は戦いをしていたので、このあたりがちょっと勘違《かんちが》いしているところもあるかなというふうに思っています。

勉強しないと分からない視点②
――「北朝鮮《きたちょうせん》、中国、ロシアの三カ国」との同時戦争だけは避《さ》けよ

簡単に結論を申し上げますけれども、「北朝鮮《きたちょうせん》、中国、ロシア、三カ国と同時に真正面から戦争するようなことだけは避《さ》けたほうがいい」と私は繰《く》り返し言っているのですが、岸田《きしだ》さんの耳には届かないのです。「聞く耳を持っている方」らしいのですけれども、届かないのです。「いっぺんに三カ国と喧嘩《けんか》するなよ」ということを私は言っているのです。

今、イランが核《かく》兵器を持てるレベルまで核の濃縮《のうしゅく》に成功していますので、まもなく持つはずです。イランも核兵器を持ちます。そして、パキスタンもすでに持っています。このあたりが全部横につながっていきます。

だから、「『世界を二分化して戦いをするような世界大戦』に持っていくようなことはしないほうがいい」「敵は数を減らして、限定的にやらなければ駄目《だめ》だ」と言っているのです。

プーチンさんが「東部を攻撃していること」はよくないように見えますけれども、ウクライナ人たちに自治国をつくって独立させようとしてやっています。

これは、中国で言えば、習近平《しゅうきんぺい》さんが「ウイグル自治区に独立を認め、チベット自治区に独立を認め、モンゴルに独立を認める運動をやっている」ということをするのと同じことになるのです。だから、「一緒《いっしょ》ではない」と言っているのです。

それが分からないので、「ウクライナが取られるようなら台湾も取られるから、頑張《がんば》ってみんなで協調して、国際的にロシアを孤立《こりつ》させなければいけない」と言っているけれども、「ちょっと違いますよ」と言っているのです。

この違いは、「世界史」を勉強しているかどうかの違いなのです。前提が違うと判断を間違います。だから、しっかり勉強をしていただきたいと思います。

これについては、もっと言いたいこともあるけれども、しばらくしたら、私が言っていることが正しいことが分かってくるので、世界の情勢をゆっくりと、遅《おく》れながら見てくだされば幸いかと思います。

毎回、「一歩を進める」ということを努力の目標としたい

非力ながら、これから日本と世界の道しるべとなるべく、「たくさんの仕事をする」ということではなくて、毎回、「一歩、一歩を進める」ということを、努

力の目標としてやっていきたいと思います。

第一回の「幸福の科学発足《ほっそく》記念座談会」を一九八六年にやったときに、三十歳《さい》で立って、「あと、五十年間はやります」「八十歳までは法を説く」ということを言いました。これは最低限のマストであるので、そこまではやります。

二〇一五年に二千書突破《とっぱ》で、今のこの本（『自分を鍛える道』〔前掲〕）で、二〇二二年に三千書突破ということから統計学的に判断すると、八十歳のときに五千書ぐらいになることにはなります。これはあくまでも、個人の努力と調子と、読者のみなさんが〝飽《あ》きたらそれで終わり〟ということですので、予定は組めませんが。

あと八十歳まではマストで働きますが、やはり、「人生百歳時代」といわれているので、「百歳を目指して、行けるところまで行く」と――。

それが、「なお、一歩を進める」ということです。

『なお、一歩を進める』関連書籍

『太陽の法』（大川隆法 著　幸福の科学出版刊）
『成功の法』（同右）
『宗教者の条件』（同右）
『生霊論』（同右）
『ファッション・センスの磨き方』（同右）
『常勝思考』（同右）
『自分を鍛える道』（同右）
『小説　十字架の女②〈復活編〉』（同右）
『青春詩集 愛のあとさき』（同右）

※左記は書店では取り扱っておりません。最寄りの精舎・支部・拠点までお問い合わせください。
『若き日のエル・カンターレ』（大川隆法 著　宗教法人幸福の科学刊）

なお、一歩《いっぽ》を進《すす》める

── 厳しい時代を生き抜く「常勝思考の精神」──

2024年11月27日　初版第1刷
2025年4月10日　第3刷

著　者　大《おお》川《かわ》隆《りゅう》法《ほう》

発行所　幸福の科学出版株式会社

〒107-0052 東京都港区赤坂2丁目10番8号
TEL(03)5573-7700
https://www.irhpress.co.jp/

印刷・製本　株式会社 堀内印刷所

落丁・乱丁本はおとりかえいたします

ISBN978-4-8233-0440-8 C0030

「なお、一歩」を進めて

──著者・大川隆法総裁が創り出してきたもの

説法

説法回数は3500回以上
信者は179カ国以上に広がる

大川隆法総裁

　大川隆法総裁は、1986年に「幸福の科学」を立宗《りっしゅう》して以来、日本をはじめ、アメリカ、ブラジル、インド、ウガンダ、オーストラリア、ドイツなど「世界五大陸」に巡錫《じゅんしゃく》し、3500回を超《こ》える説法《せっぽう》を行《おこな》っている。そのうち英語での説法は150回以上。説法の内容は、宗教、政治、経済、国際関係、教育、科学、医療、芸能など多岐《たき》にわたり、世界中の人々の幸福への指針を示し続けている。

2011年に開催されたインドの仏教聖地ブッダガヤでの大講演会では、4万人以上の参加者がつめかけた。

東京ドームで開催された大講演会は11回におよぶ。すべての説法が「原稿なし」で行われ、また、同じ内容の説法はない。

ブッダガヤ大講演会の最前列には、地元の仏教僧侶も多数参加した。

著作

著作発刊点数は3200書を超え
世界42言語に翻訳されて発刊

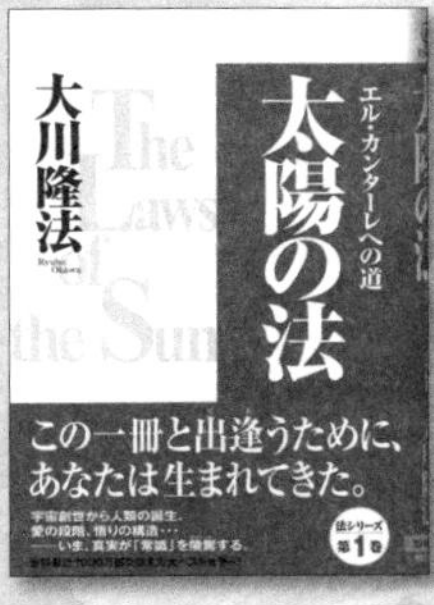

『太陽の法』は全編「自動書記」によって10日ほどで執筆された。

大川隆法総裁は、自動書記により、「法シリーズ」1巻目となる『太陽の法』を著《あらわ》し、1987年に発刊された。同書は日本語も含《ふく》めて25言語で発刊され世界中の人々の心を救っている。以来、数多くの著作がベストセラー、ミリオンセラーとなり、現在の発刊点数は全世界で3200書を突破《とっぱ》している。また大川隆法総裁を通じ、あの世の霊人《れいじん》や守護霊《しゅごれい》が語った「公開霊言《れいげん》シリーズ」は600書以上が発刊されており、年間発刊点数は「ギネス世界記録」としても認定されている。

年間発刊点数は
ギネス世界記録認定

2009年11月～2010年11月に52冊を発刊し、年間発刊点数で「ギネス世界記録」となった。大川隆法総裁は、2014年に「161冊」を発刊し、自身の記録を更新している。

『太陽の法』から『地獄の法』まで「法シリーズ」は29巻におよぶ。

音楽

著者が作詞・作曲している楽曲数は450曲以上

大川隆法総裁は、1988年に「愛は風の如《ごと》く『聖霊《せいれい》の歌』」の作詞・作曲をして以来、天上界《てんじょうかい》からのインスピレーションも受けながら450曲以上の楽曲を手がけている。大川隆法総裁が生み出す音楽は「人々の心を癒《いや》し、魂《たましい》を救済する音楽」であり、既存《きそん》の音楽ジャンルとは一線を画《かく》す、精神性や神秘性、宗教的バイブレーションを内包した、まったく新しい音楽となっている。

映画

劇場用映画は28作品

「ノストラダムス戦慄の啓示」

「太陽の法」

「ドラゴン・ハート—霊界探訪記—」

大川隆法総裁は、1994年に公開された「ノストラダムス戦慄《せんりつ》の啓示《けいじ》」を製作総指揮して以来、「ヘルメス—愛は風の如《ごと》く」、「太陽の法」、「永遠の法」、「宇宙の法—黎明編《れいめい》—」、「宇宙の法—エローヒム編—」など、多くの映画作品の製作総指揮・原作・企画《きかく》を手がけている。2025年には、28作目となる「ドラゴン・ハート—霊界探訪記《れいかいたんぼうき》—」が公開予定となっている。

教育

さまざまな学校を設立する

幸福の科学学園 中学校・高等学校（那須本校）

幸福の科学学園　関西中学校・高等学校（関西校）

ハッピー・サイエンス・ユニバーシティ（HSU）

大川隆法総裁は、2010年4月、高度な知育と徳育を融合《ゆうごう》させ、社会に貢献《こうけん》する未来型リーダーを輩出《はいしゅつ》すべく、中高一貫の教育校である幸福の科学学園那須《なす》本校を開校した。2013年には、滋賀《しが》県に幸福の科学学園関西校を開校。2015年に、「幸福の探究と新文明の創造」を建学の精神とする「ハッピー・サイエンス・ユニバーシティ（HSU）」を創立した。また、信仰《しんこう》教育を基礎《きそ》に置きつつ、学力を伸《の》ばしていくための仏法真理塾《じゅく》「サクセスNo.1《ナンバーワン》」も全国展開している。

政治

政党「幸福実現党」を立ち上げる

議員は現在54名を数える（2025年3月現在）。

大川隆法総裁は、2009年に宗教政党として「幸福実現党」を創立した。「この国の政治に一本、精神的主柱を立てたい」という理念のもと、国家としてのあるべき姿を示し、現実的な諸問題に対しても解決の道を開くために、積極的かつ具体的な政治活動を展開している。

大川隆法ベストセラーズ・付加価値ある仕事をするには

大川総裁の読書力

知的自己実現メソッド

幸福の科学総裁の「創造の秘密」にインタビューで迫る。実践・知的読書術や、知的生産法、努力の習慣が身につく語学の勉強など、知的自己実現のヒントを公開。

1,540円

フランクリー・スピーキング

世界新秩序の見取り図を語る

大川隆法総裁のインタビュー＆対談集。渡部昇一氏との対談、海外一流誌などのインタビューを収録。宗教界の最高峰「幸福の科学」の持つ未来ビジョンが描き出される（2025年4月改版）。

1,980円

若い人の仕事術入門

求められる人材になるための心構え

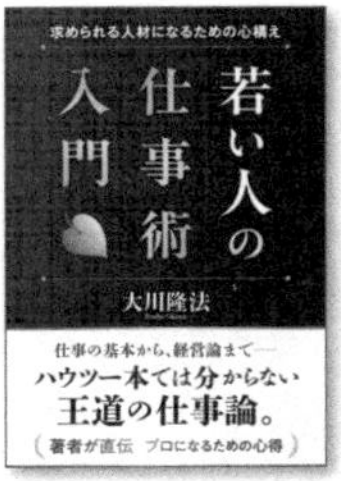

プロを目指すあなたに届けたい。仕事の基本から経営論まで、大川隆法総裁が実体験に基づき分かりやすく解説する、乱気流の時代を生き抜くための仕事術入門。

1,760円

経営者マインドの秘密

あらゆる難局を乗り切る経営戦略

「徳あるリーダーとなる要諦」から「富を創出するための考え方」まで、激動の時代のなかでも組織を強くする「経営の勘所」とは。あらゆる難局を乗り切る経営戦略が示される。

11,000円
（函入り）

大川隆法ベストセラーズ・幸福の科学の原点に学ぶ

われ一人立つ。大川隆法第一声

幸福の科学発足記念座談会

著者の宗教家としての第一声、「初転法輪《しょてんぽうりん》」の説法が書籍化！　世界宗教・幸福の科学の出発点であり、壮大な教えの輪郭が説かれた歴史的瞬間が甦《よみがえ》る。

1,980円

大川隆法　東京ドーム講演集

エル・カンターレ「救世の獅子吼《ししく》」

全世界から５万人の聴衆が集った情熱の講演が、ここに甦る。過去に11回開催された東京ドーム講演を収録した、世界宗教・幸福の科学の記念碑的な一冊。

1,980円

幸福の科学とは何か

初歩からの仏法真理

幸福の科学の教えを分かりやすく解説した入門の一冊。仏法真理の骨格となるテーマを八項目にわたって体系的に取り上げる（2024年8月改版第２刷）。

1,760円

原説・『愛の発展段階説』

若き日の愛の哲学

著者が宗教家として立つ前、商社勤めをしながら書きためていた論考を初の書籍化。思想の出発点である「若き日の愛の哲学」が説かれた宝物のような一冊。

1,980円

※表示価格は税込10％です。

大川隆法ベストセラーズ・あなたを幸せにする「現代の四正道」

幸福の法

法シリーズ 第8巻

人間を幸福にする四つの原理

「幸福とは、いったい何であるか」ということがテーマの一冊。「現代の四正道」である、愛・知・反省・発展の「幸福の原理」が初心者にも分かりやすく説かれる。

1,980円

真理学要論

新時代を拓く叡智の探究

多くの人に愛されてきた真理の入門書。「愛と人間」「知性の本質」「反省と霊能力」「芸術的発展論」の全4章を収録し、幸福に至るための四つの道である「現代の四正道」を具体的に説き明かす（2024年10月改訂新版）。

1,870円

幸福の科学の十大原理（上巻・下巻）

世界179カ国以上に信者を有する「世界教師」の初期講演集。「現代の四正道」が説かれた上巻第1章「幸福の原理」を始め、正しき心を探究する指針がここに。

各1,980円

真実への目覚め

幸福の科学《ハッピー・サイエンス》入門

2010年11月、ブラジルで行われた全5回におよぶ講演を書籍化。全人類にとって大切な「正しい信仰」や「現代の四正道」の教えが、国境や人種を超え、人々の魂を揺さぶる。

1,650円

大川隆法ベストセラーズ・自も他も生かす人生を送る

自も他も生かす人生

あなたの悩みを解決する「心」と「知性」の磨き方

自分を磨くことが周りの人の幸せにつながっていく生き方とは？ 悩みや苦しみを具体的に解決し、人生を好転させる智慧がちりばめられた一冊。

1,760円

幸福の原点

人類幸福化への旅立ち

幸福の科学の基本的な思想が盛り込まれた、仏法真理の格好の手引書。正しき心の探究、与える愛など、幸福になる方法がここに。

1,650円

人を愛し、人を生かし、人を許せ。

豊かな人生のために

愛の実践や自助努力の姿勢など、豊かな人生への秘訣を語る、珠玉の人生論。心を輝かす数々の言葉が、すがすがしい日々をもたらす。

1,650円

新・心の探究

神の子人間の本質を探る

心の諸相、心の構造、浄化法、心の持つ力学的性質、心の段階、極致の姿など、人間の「心」の実像をさまざまな角度から語った、心の探究についての基本書（2023年10月改版）。

1,100円

※表示価格は税込10%です。

大川隆法ベストセラーズ・地球を包む救世主の愛

地球を包む愛

人類の試練と地球神の導き

地球の最終危機を乗り越え、希望の未来を開くために──。天御祖神の教えと、その根源にある主なる神「エル・カンターレ」の考えが明かされた、地球の運命を変える書。

1,760 円

太陽の法

法シリーズ 第1巻

エル・カンターレへの道

創世記や愛の段階、悟りの構造、文明の流転等を明快に説き、主エル・カンターレの真実の使命を示した、仏法真理の基本書。1987 年の発刊以降、全世界 25 言語で愛読されている大ベストセラー。

2,200 円

信仰の法

法シリーズ 第24巻

地球神エル・カンターレとは

さまざまな民族や宗教の違いを超えて、地球をひとつに──。文明の重大な岐路に立つ人類に告げられる「地球神」からのメッセージ。

2,200 円

メシアの法

法シリーズ 第28巻

「愛」に始まり「愛」に終わる

「この世界の始まりから終わりまで、あなた方と共にいる存在、それがエル・カンターレ」──。現代に降臨した地球神が示す、本当の「善悪の価値観」と「真実の愛」。

2,200 円

幸福の科学出版

大川隆法ベストセラーズ・真実を貫く神仏の教え

真実を貫く

人類の進むべき未来

混迷する世界情勢、迫りくる核戦争の危機、そして誤った科学主義による唯物論の台頭……。地球レベルの危機を乗り越えるための「未来への指針」が示される。

1,760円

秘密の法

法シリーズ 第27巻

人生を変える新しい世界観

あなたの常識を一新させ、世界がより美しく、喜びに満ちたものになるように──。降魔の方法や、神の神秘的な力、信仰の持つ奇跡のパワーを解き明かす。

2,200円

地獄の法

法シリーズ 第29巻

あなたの死後を決める「心の善悪」

どんな生き方が、死後、天国・地獄を分けるのかを明確に示した、姿を変えた『救世の法』。現代に降ろされた「救いの糸」を、あなたはつかみ取れるか。

2,200円

地獄界探訪

死後に困らないために知っておきたいこと

死んだあとの世界まで考えると、この世でどう生きるべきかが分かる──。大川隆法総裁が霊界探訪をして解き明かした、地獄の実態と悟りへの指針がここに。

1,760円

※表示価格は税込10%です。

大川隆法ベストセラーズ・主なる神エル・カンターレを知る

永遠の法

法シリーズ 第3巻

エル・カンターレの世界観

すべての人が死後に旅立つ、あの世の世界。天国と地獄をはじめ、霊界の次元構造を明確に解き明かした一書。主エル・カンターレの説く空間論がここに。

2,200円

仏陀再誕

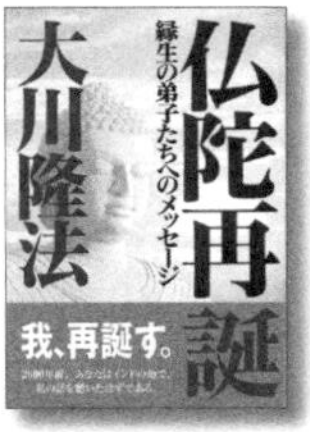

〔携帯版〕

〔携帯版〕

縁生の弟子たちへのメッセージ

我、再誕す。すべての弟子たちよ、目覚めよ──。2600年前、インドの地において説かれた釈迦の直説・金口の教えが、現代に甦《よみがえ》る。

1,923円　880円

永遠の仏陀

〔携帯版〕

〔携帯版〕

不滅の光、いまここに

すべての者よ、無限の向上を目指せ──。大宇宙を創造した久遠の仏陀が、生きとし生けるものすべてに託した願いとは。

1,980円　1,320円

幸福の科学グループのご案内

宗教、教育、政治、出版、芸能文化などの活動を通じて、地球的ユートピアの実現を目指しています。

幸福の科学

一九八六年に立宗。信仰の対象は、大宇宙の根本仏にして地球系霊団の至高神、主エル・カンターレ。世界百七十九カ国以上の国々に信者を持ち、全人類救済という使命の下、信者は、主なる神エル・カンターレを信じ、「愛」と「悟り」と「ユートピア建設」の教えの実践、伝道に励んでいます。

（二〇二五年三月現在）

愛

幸福の科学の「愛」とは、与える愛です。これは、仏教の慈悲《じひ》や布施《ふせ》の精神と同じことです。信者は、仏法真理をお伝えすることを通して、多くの方に幸福な人生を送っていただくための活動に励んでいます。

悟り

「悟り」とは、自らが仏の子であることを知るということです。教学《きょうがく》や精神統一によって心を磨き、智慧《ちえ》を得て悩みを解決すると共に、天使・菩薩《ぼさつ》の境地を目指し、より多くの人を救える力を身につけていきます。

ユートピア建設

私たち人間は、地上に理想世界を建設するという尊い使命を持って生まれてきています。社会の悪を押しとどめ、善を推し進めるために、信者はさまざまな活動に積極的に参加しています。

幸福の科学の教えをさらに学びたい方へ

心を練る。叡智《えいち》を得る。
美しい空間で生まれ変わる——

幸福の科学の精舎《しょうじゃ》

幸福の科学の精舎《しょうじゃ》は、信仰心《しんこうしん》を深め、悟《さと》りを向上させる聖なる空間です。全国各地の精舎では、人格向上のための研修や、仕事・家庭・健康などの問題を解決するための助力が得られる祈願《きがん》を開催《かいさい》しています。研修や祈願に参加することで、日常で見失いがちな、安らかで幸福な心を取り戻《もど》すことができます。

日本全国に27精舎、海外に3精舎を展開。

運命が変わる場所——

幸福の科学の支《し》部《ぶ》

幸福の科学は1986年の立宗《りっしゅう》以来、「私、幸せです」と心から言える人を増やすために、世界各地で活動を続けています。全国・全世界に精舎・支部精舎等を700カ所以上展開し、信仰《しんこう》に出合って人生が好転する方が多く誕生しています。
支部では御法話拝聴会、経典学習会、祈願、お祈り、悩み相談などを行っています。

支部・精舎のご案内
happy-science.jp/whats-happy-science/worship

海外支援・災害支援

幸福の科学のネットワークを駆使し、世界中で被災地復興や教育の支援をしています。「HS・ネルソン・マンデラ基金」では、人種差別をはじめ貧困に苦しむ人びとなどへ、物心両面にわたる支援を行っています。

自殺を減らそうキャンペーン

毎年２万人を超える自殺を減らすため、全国各地で「自殺防止活動」を展開しています。

公式サイト **withyou-hs.net**

自殺防止相談窓口

受付時間　火～土:10～18時（祝日を含む）

TEL **03-5573-7707**　メール **withyou-hs@happy-science.org**

ヘレンの会　公式サイト helen-hs.net

視覚障害や聴覚障害、肢体不自由の方々と点訳・音訳・要約筆記・字幕作成・手話通訳等の各種ボランティアが手を携えて、真理の学習や集い、ボランティア養成等、様々な活動を行っています。

幸福の科学　入会のご案内

幸福の科学では、主エル・カンターレ 大川隆法総裁が説く仏法真理《ぶっぽうしんり》をもとに、「どうすれば幸福になれるのか、また、他の人を幸福にできるのか」を学び、実践しています。

入会

仏法真理を学んでみたい方へ

主エル・カンターレを信じ、その教えを学ぼうとする方なら、どなたでも入会できます。入会された方には、『入会版「正心法語《しょうしんほうご》」』が授与されます。
入会ご希望の方はネットからも入会申し込みができます。

happy-science.jp/joinus

三帰《さんき》誓願《せいがん》

信仰をさらに深めたい方へ

仏弟子としてさらに信仰を深めたい方は、仏《ぶっ》・法《ぽう》・僧《そう》の三宝《さんぽう》への帰依を誓う「三帰誓願式」を受けることができます。三帰誓願者には、『仏説・正心法語』『祈願文《きがんもん》①』『祈願文②』『エル・カンターレへの祈り』が授与されます。

幸福の科学 サービスセンター
TEL 03-5793-1727
受付時間／火～金：10～20時　土・日祝：10～18時（月曜を除く）

幸福の科学 公式サイト
happy-science.jp

幸福実現党

日本の政治に精神的主柱を立てるべく、2009年5月に幸福実現党を立党しました。創立者である大川隆法党総裁の精神的指導のもと、宗教だけでは解決できない問題に取り組み、幸福を具体化するための力になっています。

HS政経塾

大川隆法総裁によって創設された、「未来の日本を背負う、政界・財界で活躍するエリート養成のための社会人教育機関」です。既成の学問を超えた仏法真理を学ぶ「人生の大学院」として、理想国家建設に貢献する人材を輩出するために、2010年に開塾しました。これまで、多数の地方議員が全国各地で活躍してきています。

ハッピー・サイエンス・ユニバーシティ

Happy Science University

ハッピー・サイエンス・ユニバーシティとは

ハッピー・サイエンス・ユニバーシティ（HSU）は、
大川隆法総裁が設立された「日本発の本格私学」です。
建学の精神として「幸福の探究と新文明の創造」を掲げ、
チャレンジ精神にあふれ、新時代を切り拓く人材の輩出を目指します。

人間幸福学部 **経営成功学部** **未来産業学部**

HSU長生キャンパス TEL **0475-32-7770**
〒299-4325 千葉県長生郡長生村一松丙 4427-1

未来創造学部

HSU未来創造・東京キャンパス
TEL **03-3699-7707**
〒136-0076 東京都江東区南砂2-6-5

公式サイト **happy-science.university**

学校法人 幸福の科学学園

学校法人 幸福の科学学園は、幸福の科学の教育理念のもとにつくられた教育機関です。人間にとって最も大切な宗教教育を通して精神性を高めながら、ユートピア建設に貢献する人材輩出を目指しています。

幸福の科学学園

中学校・高等学校（那須本校）
2010年4月開校・栃木県那須郡（男女共学・全寮制）
TEL **0287-75-7777** 公式サイト **happy-science.ac.jp**

関西中学校・高等学校（関西校）
2013年4月開校・滋賀県大津市（男女共学・寮及び通学）
TEL **077-573-7774** 公式サイト **kansai.happy-science.ac.jp**

仏法真理塾「サクセスNo.1」

TEL 03-5750-0751（東京本校）

全国に本校・拠点・支部校を展開する、幸福の科学による信仰教育の機関です。小学生・中学生・高校生を対象に、信仰教育・徳育にウエイトを置きつつ、将来、社会人として活躍するための学力養成にも力を注いでいます。

エンゼルプランV

東京本校を中心に、全国に支部教室を展開。0歳～未就学児を対象に、信仰に基づく豊かな情操教育を行う幼児教育機関です。

TEL 03-5750-0757（東京本校）

エンゼル精舎

乳幼児を対象とした幸福の科学の託児型の宗教教育施設です。神様への信仰と「四正道」を土台に、子供たちの個性を育みます。

（※参拝施設ではありません）

不登校児支援スクール「ネバー・マインド」

TEL 03-5750-1741

「信仰教育」と「学業修行」を柱に、再登校へのチャレンジと、生活リズムの改善、心の通う仲間づくりを応援します。

ユー・アー・エンゼル！（あなたは天使！）運動

障害児の不安や悩みに取り組み、ご両親を励まし、勇気づける、障害児支援のボランティア運動を展開しています。

一般社団法人
ユー・アー・エンゼル
TEL 03-6426-7797

公益活動支援

いじめから子供を守ろうネットワーク

学校でのいじめをなくし、教育改革をしていくためにさまざまな社会提言をしています。
さらに、いじめ相談を行い、各地で講演や学校への啓発ポスター掲示等に取り組む一般財団法人「いじめから子供を守ろうネットワーク」を支援しています。

公式サイト mamoro.org　ブログ blog.mamoro.org
相談窓口 TEL.03-5544-8989

百歳まで生きる会 ～いくつになっても生涯現役～

幸福の科学

「百歳まで生きる会」は、生涯現役人生を掲げ、友達づくり、生きがいづくりを通じ、一人ひとりの幸福と、世界のユートピア化のために、全国各地で友達の輪を広げ、地域や社会に幸福を広げていく活動を続けているシニア層（55歳以上）の集まりです。

【サービスセンター】TEL 03-5793-1727

シニア・プラン21

【サービスセンター】TEL 03-5793-1727

「百歳まで生きる会」の研修部門として、心を見つめ、新しき人生の再出発、社会貢献を目指し、セミナー等を開催しています。